La guida incredibilmente facile ad Android 13

Guida per principianti ai telefoni Android (compreso il Pixel 7)

Scott La Counte

ANAHEIM, CALIFORNIA
www.RidiculouslySimpleBooks.com

Indice dei contenuti

Disclaimer*: si prega di notare che, sebbene sia stato fatto ogni sforzo per garantire l'accuratezza, questo libro non è approvato da Alphabet, Inc. e deve essere considerato non ufficiale.*

Introduzione

Quando vedete il prezzo di un telefono Pixel accanto a quello di un iPhone o di un Samsung, probabilmente immaginate che sia un po'... più economico. Vi sbagliereste: anno dopo anno, il Pixel ha dimostrato di essere forse il miglior telefono che si possa comprare.

Con il Pixel 7 questo è più vero che mai. Non solo è più veloce, ma l'intelligenza artificiale che lavora in background inizierà a sembrare il vostro assistente personale.

Se state passando da un iPhone o da un altro dispositivo Android, questo libro fa per voi. Vi spiegherà tutto quello che c'è da sapere sul dispositivo e lo farà in modo incredibilmente semplice!

In questo libro, imparerete a conoscere:

- Impostazione del telefono
- Effettuare chiamate
- Installazione di applicazioni
- Utilizzo della fotocamera
- Navigare in Internet
- Modifica delle impostazioni del sistema
- E molto altro ancora!

Siete pronti a saperne di più? Iniziamo!

[1]

Inizia qui

Pixel contro Pixel

L'aspetto interessante della prossima generazione di Pixel - e di tutti i telefoni di Google - si trova spesso nel software, non nell'hardware. Dove Google probabilmente brilla rispetto alla concorrenza è con l'intelligenza artificiale integrata nel software, che arriva prima nei telefoni di ultima generazione e a volte non arriva affatto nei telefoni più vecchi. Con il Pixel 7, il miglioramento dell'intelligenza artificiale è più forte grazie a ciò che può fare per le foto (per saperne di più).

Detto questo, il Pixel 7 presenta alcuni miglioramenti rispetto al Pixel 6 dello scorso anno.

Il prezzo, fortunatamente, non è cambiato sul Pixel; i colori, invece, sì, come di solito accade sul Pixel. Dal punto di vista estetico, il Pixel è anche leggermente più leggero e sottile. Anche le dimensioni effettive dello schermo sono leggermente inferiori, ma probabilmente non si notano. Sul Pixel è tornato anche lo sblocco con il volto, una funzione che mancava dal Pixel 4; è comunque possibile sbloccare il telefono con l'impronta digitale.

Dal punto di vista del processore, il telefono è più veloce; ha un chip Tensor G2 aggiornato - qualcosa che gli utenti occasionali potrebbero non notare, ma che renderà il telefono più fluido in background.

La fotocamera è ciò che tutti vogliono sapere, però! Mentre la fotocamera anteriore è stata aggiornata a 10,8 MP (rispetto agli 8MP del 6), la fotocamera posteriore è rimasta invariata. Non è la stessa cosa per il telefono della serie Pro, che ha un obiettivo ultra ampio e uno zoom migliore.

Ecco una cosa da considerare quando si pensa di passare dal Pixel 6 al 7: Google offre un riacquisto molto equo dei telefoni al momento del lancio. Scambiare il Pixel 6 con un Pixel 7 vi costerà probabilmente meno di 200 dollari (la gamma di riacquisti cambia nel tempo).

Pixel vs iPhone vs Samsung

La vera domanda per molti non è come il Pixel si collochi rispetto a se stesso, ma piuttosto come si collochi rispetto agli altri telefoni di punta, in particolare l'iPhone e la serie S di Samsung.

Allora, come si comporta? In una parola: fantastico! Tutti i telefoni di punta hanno caratteristiche che li distinguono; si può discutere tutto il giorno su quale sia la fotocamera o il processore o le app migliori, ma una cosa è chiara sul Pixel: è, di gran lunga, il miglior rapporto qualità/prezzo. Google ha fissato un prezzo piuttosto aggressivo rispetto alla concorrenza e, per quanto riguarda il prezzo, si ottiene un telefono di alta gamma a un prezzo molto più basso rispetto agli altri.

Ma vediamo più da vicino come si confrontano effettivamente.

Guardando al peso dei telefoni, il Pixel è il più pesante del gruppo (a partire da 197 grammi); il Samsung S22 è il più leggero (a partire da 168 grammi); è probabile che non ve ne accorgiate.

Sulla carta le fotocamere sembrano tutte molto diverse; sull'iPhone base (non sul pro), la fotocamera è da 12 MP; il Pixel e il telefono Samsung sono da 50 MP. Ma non basatevi solo sulla carta quando si parla di fotocamere; anche con 12 MP, molti sostengono che le foto dell'iPhone siano migliori. È l'obiettivo e il modo in cui le foto vengono elaborate a renderle buone. L'iPhone supera sia il Samsung che il Pixel con il suo obiettivo frontale: 12 MP contro i 10,8 del Pixel e i 10 del Samsung.

Sia il Pixel che l'iPhone sono in grado di catturare video in 4K; l'S22 li supera con la capacità di riprendere in 8K; anche in questo caso, ciò non significa che sia una videocamera migliore; inoltre, tenete presente che la maggior parte dei televisori non dispone attualmente dell'8K, quindi anche se girate un video in 8K, avrete difficoltà a trovare un posto dove mostrarlo.

La memoria interna dei telefoni è difficile da comparare perché l'iPhone non rivela la quantità di RAM presente nell'iPhone 14.

Sia il Pixel che il Samsung utilizzano l'USB-C; l'iPhone si affida ancora a un adattatore per l'alleggerimento, il che delude le persone che vogliono un caricatore per caricare tutto.

[2]

Impostazione

Questo capitolo tratta di:

- Impostazione
- Sblocco del volto
- Elementi principali dell'interfaccia utente

Impostazione

La configurazione è abbastanza intuitiva, ma ci sono ancora schermate che potrebbero confondere un po'. Se siete degli autodidatti e vi piace provare le cose, passate alla prossima sezione sugli elementi principali dell'interfaccia utente di Android. Se invece volete una spiegazione più approfondita, continuate a leggere!

Google sa che volete iniziare a usare il vostro telefono, quindi ha reso la procedura piuttosto rapida; la maggior parte delle persone impiegherà circa 5 o 10 minuti.

La prima cosa che vedrete è la schermata "Ehilà"; tecnicamente potreste effettuare una chiamata di emergenza in questa schermata, ma non ve lo consiglio a meno che non si tratti di un'emergenza vera e propria: non si tratta di un'emergenza del tipo "Ehi, mamma, faccio tardi"... si tratta di una chiamata diretta ai soccorritori "Sono caduto e non riesco ad alzarmi". Quando si è pronti per iniziare, toccare il pulsante blu "Inizia".

Nella schermata successiva sono disponibili due opzioni: connettersi al wi-fi per avviare una configurazione "SIM-free" o inserire la scheda SIM.

Se si aggiunge una scheda SIM, si possono saltare tutti i passaggi successivi. Se si utilizza una SIM-free, toccare "Start SIM-free setup instead". La schermata successiva spiega l'assenza di SIM; l'assenza di SIM è esattamente ciò che sembra, ma non è supportata da tutti i gestori. Se il vostro operatore lo supporta, vi consiglio di farlo, perché tutto sarà memorizzato online anziché su una scheda che può essere facilmente graffiata e danneggiata. Toccare il pulsante blu "Avanti" per iniziare.

La schermata successiva richiede di selezionare la rete wi-fi. Segue una schermata di aggiornamento. Dovrebbe essere necessario circa un minuto per ottenere l'ultimo aggiornamento. Al termine, verrà visualizzata la schermata "Copia applicazioni e dati".

Copia di app e dati è un'applicazione molto ricca di risorse. Permette di copiare tutto dal vecchio telefono in modo da non dover fare altrettanto sul nuovo; funziona sia con iPhone (tramite uno speciale adattatore) che con Android. Non è perfetto, soprattutto con l'iPhone, ma vi farà risparmiare tempo. Se si proviene da un telefono Android di generazione precedente, è possibile eseguire questa operazione anche senza cavo, utilizzando il login. Se si desidera evitare questa operazione e ripartire da zero, selezionare "Non copiare" nell'angolo in basso a sinistra.

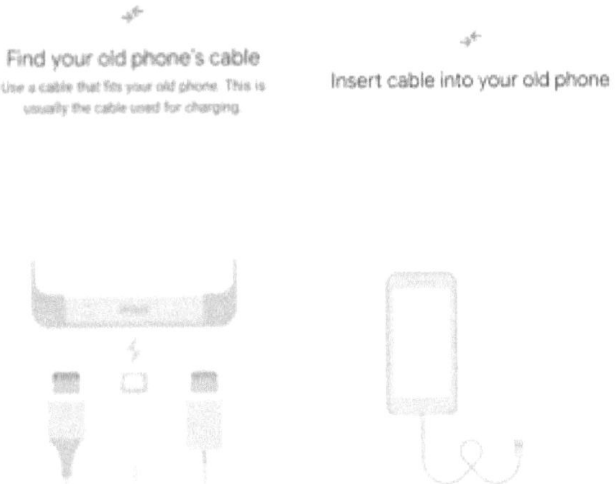

Quindi, accedete al vostro account Google (quello che usate di solito per controllare la posta elettronica, a meno che non usiate Gmail). Se non si dispone di un account Google, fare clic sull'opzione per crearlo.

Una volta premuto "avanti" e "accedi", si aprirà una serie di informazioni legali. In pratica si dice che Google non è responsabile di nulla. Accettate o vi siete appena comprati un mattone molto costoso. Vedrete molte di queste schermate legali, quindi indossate gli occhiali da lettura e preparatevi a una lunga notte, oppure accettatele.

Google Services è la schermata successiva. Si tratta di dare al telefono l'autorizzazione a utilizzare le funzioni del telefono (come il lettore di impronte digitali, i servizi di localizzazione per vedere dove ci si trova, inviare a Google e agli sviluppatori rapporti sugli incidenti e fare il backup del telefono su Google Drive). Consiglio di selezionarle tutte. Se siete preoccupati per la privacy, vi mostrerò alcune regolazioni che potrete fare in seguito. Inoltre, se li disattivate qui, potete riattivarli in seguito.

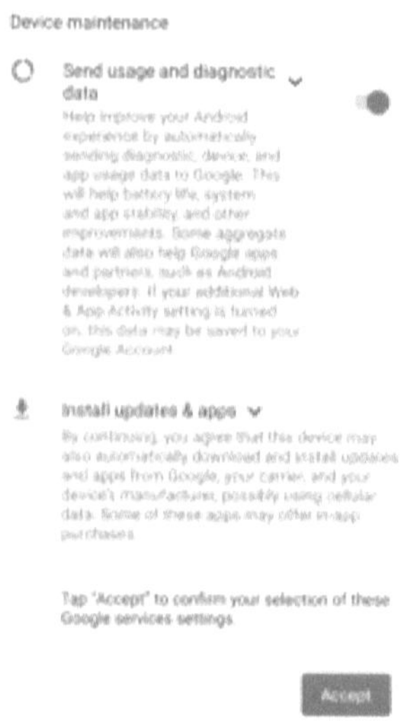

Il prossimo è l'ennesimo promemoria del fatto che non si può incolpare Google di nulla. Vogliono davvero che tu lo capisca. In questo modo, se il telefono vi esplode in mano, è ovviamente colpa vostra!

Poi è il momento di iniziare a configurare il telefono. Cos'era tutta quell'altra roba? Era il vostro account. La prima cosa da fare è il blocco dello schermo. In pratica, se qualcuno ruba o trova il vostro telefono, non può aprirlo a meno che non conosca la vostra password.

Se si tocca "Opzioni di blocco schermo", vengono visualizzate altre opzioni. Lo sblocco può essere un motivo (ad esempio, una mossa a forma di sette), una parola o un numero (ma non usate il numero di pin della vostra banca!). È anche possibile non aggiungere un pin e avere il telefono sempre sbloccato.

Nella schermata successiva verrà richiesto un pin. Se si tocca "Opzioni di blocco schermo" è possibile aggiungere un motivo. È tutta una preferenza. L'unico consiglio è di non utilizzare un pin che si usa altrove (come il pin della banca) o un pin facile (come 1234).

Una volta premuto "Avanti", inserire nuovamente il pin per confermarlo.

È inoltre possibile aggiungere un'impronta digitale per sbloccare il telefono. A differenza di molti altri telefoni, il sensore di impronte digitali del Pixel si trova sullo schermo stesso. Niente male, vero? Tuttavia, ecco un consiglio. Se siete come me, probabilmente metterete una protezione per lo schermo in modo da avere una maggiore protezione in caso di caduta. Questo sarà un problema per il sensore finché non lo aggiornerete, quindi se vi accorgete che non funziona, aggiornate il software Android (vi mostrerò come fare più avanti) e vedete se questo risolve il problema.

Aggiungere un'impronta digitale è piuttosto semplice. Il telefono indica esattamente la posizione del dito. Basta toccare il dito sullo schermo nel punto indicato. È tutto! È possibile aggiungere un dito o più dita. È possibile aggiungere anche le dita di altre persone, quindi se c'è qualcuno a cui si dà il permesso di usare il telefono, si può aggiungere anche lui.

Basta toccare Aggiungi un altro alla fine della configurazione se si desidera aggiungerne altri.

La novità del Pixel 7 è la possibilità di sbloccare il telefono con il volto, una caratteristica che mancava dal Pixel 4.

La configurazione di Google Assistant è la prossima. L'Assistente Google è l'equivalente Google di Siri. È possibile toccare "Lascia e ricevi promemoria", ma è un'operazione molto rapida, quindi è meglio toglierla di mezzo.

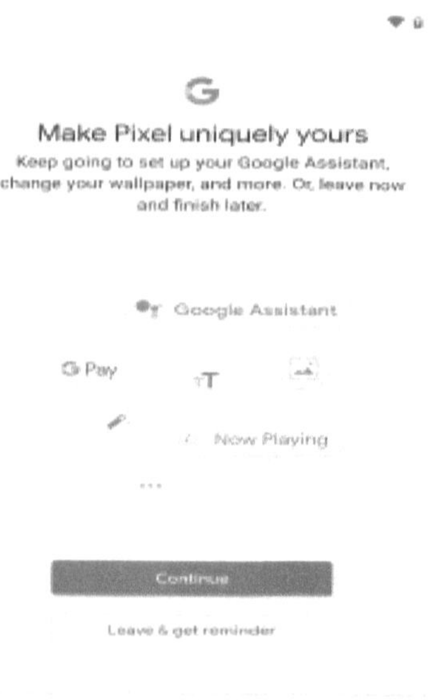

Una volta accettati i termini, si è pronti a partire. Vi verranno poste alcune domande (a meno che non abbiate un Google Home e Google conosca già la vostra voce).

Avete quasi finito! La schermata "Nient'altro?" è l'ultima possibilità di aggiungere impostazioni prima di terminare la configurazione - e ricordate: potete modificare tutto questo in seguito. Quindi, se non volete farlo ora, potete sempre farlo in seguito. L'unica cosa che vorrei sottolineare è "Aggiungi un altro account di posta elettronica"; se si utilizza questo telefono al lavoro, è una buona idea aggiungere qui la propria e-mail di lavoro.

L'ultima schermata chiede se si desidera ricevere da Google messaggi di posta elettronica su come utilizzare il telefono. Quando si inizia, queste e-mail sono utili. Non arrivano molto spesso. Se si desidera attivare questa funzione, è sufficiente attivare il pulsante "Iscriviti" (che diventerà blu o sarà blu se è già selezionato).

Dopo qualche secondo, apparirà una schermata con la scritta "Go Home". Sembra quasi che il telefono vi stia dicendo che non avete superato la configurazione e che ora dovete tornare a casa a mani vuote.

Non preoccupatevi! Vi sta solo dicendo di andare alla schermata iniziale perché avete finalmente finito. Queste schermate finali sono brevi esercitazioni che vi daranno un paio di consigli sul funzionamento del telefono.

Dopo alcuni suggerimenti, apparirà la schermata "Tutto pronto!", che è la schermata finale. Finalmente avete finito!

Passare il dito verso l'alto per visualizzare la schermata iniziale. Siete finalmente pronti a utilizzare il vostro telefono!

Come orientarsi

Le persone arrivano al Pixel da ogni tipo di posto: iPhone, altri telefoni Android, flip phone, due tazze di polistirolo legate insieme con uno spago. La prossima sezione è un corso accelerato sull'interfaccia. Se avete già usato Android in passato, potrebbe sembrarvi un po' semplice, quindi saltate pure se sapete già tutto.

Se tutto questo sembra un po' affrettato, c'è una buona ragione: è così! Tratteremo questi punti in modo più dettagliato in seguito. Questo è solo un rapido antipasto/riferimento.

Nella parte inferiore dello schermo c'è la barra dei collegamenti: qui passerete molto tempo; potete aggiungere qualsiasi cosa vogliate a quest'area, ma queste sono le app che Google pensa che userete di più e, ad eccezione del Play Store, probabilmente ha ragione.probabilmente ha ragione. A seconda delle impostazioni scelte e del telefono in uso, l'aspetto può essere diverso o meno. Ad esempio, potrebbe mostrare quattro app in fila invece di sei.

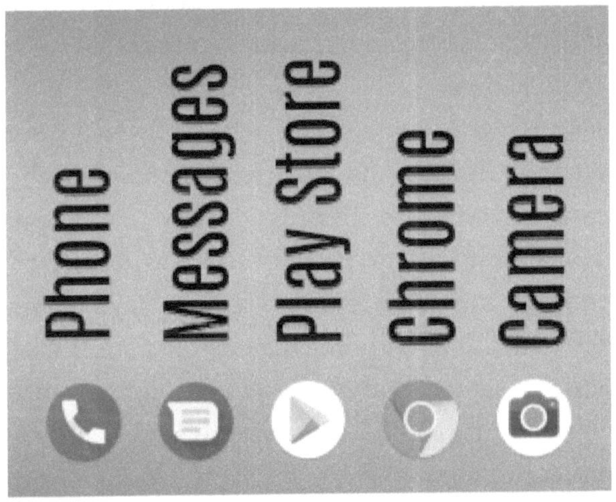

Allora, quali sono? In modo molto rapido, sono i seguenti:

- **Telefono**: Volete tirare a indovinare cosa fa il pulsante del telefono? Se avete detto che vi porta un gelato, forse non siete tagliati per un telefono. Ma se avete detto qualcosa del tipo "lancia un'applicazione per chiamare le persone", allora non avrete alcun problema con il vostro nuovo dispositivo. Sorpresa, sorpresa: questo costoso gadget che gioca, scatta foto e vi tiene aggiornati sulle farneticazioni politiche sui social media fa un'altra cosa interessante: chiama le persone!

- **Messaggio**: Messaggio potrebbe essere un po' più aperto di "Telefono"; potrebbe significare messaggi di posta elettronica, messaggi di testo, messaggi che continuate a ricevere sullo specchio del bagno per abbassare la tavoletta del water. In questo caso, significa "messaggi di testo" (ma davvero, abbassate la tavoletta del water... non state facendo un favore a nessuno). Questa è l'applicazione che userete ogni volta che vorrete inviare foto carine di gatti.

- **Negozio di giochi**: Tutto ciò che ha la parola "Play" nel titolo deve essere divertente, giusto?! Questa applicazione vi servirà per scaricare tutte le applicazioni divertenti di cui sentite sempre parlare.

- **Cromo**: Ogni volta che si desidera navigare in Internetsi utilizzerà Chrome. Ci sono diverse applicazioni che fanno la stessa cosa, come Firefox e Opera, ma vi consiglio di usare Chrome finché non vi sentite a vostro agio con il telefono. Personalmente, ritengo che sia l'applicazione migliore per la ricerca su Internet, ma imparerete presto che la maggior parte delle cose sul telefono è una questione di preferenze e potreste trovare un altro browser Internet più adatto alle vostre esigenze.
- **Macchina fotografica**: Questa applicazione apre immagini di macchine fotografiche d'epoca... scherzo! È il modo in cui si scattano le foto sul telefono. La stessa app si usa anche per i video.

Oltre alla barra delle scorciatoie, l'area che userete di più è la barra delle notifiche. È qui che si ricevono, avete indovinato, le notifiche! Cos'è una notifica? È qualsiasi tipo di avviso che avete scelto di ricevere. Alcuni esempi: avvisi di messaggi di testo, avvisi di posta elettronica, avvisi di allarme e applicazioni aggiornate.

Trascinando il dito verso il basso dalla barra delle notifiche, si ottiene un elenco di diverse impostazioni che è possibile regolare. Tenendo premuta una di queste opzioni, si aprirà un'app con ancora più opzioni.

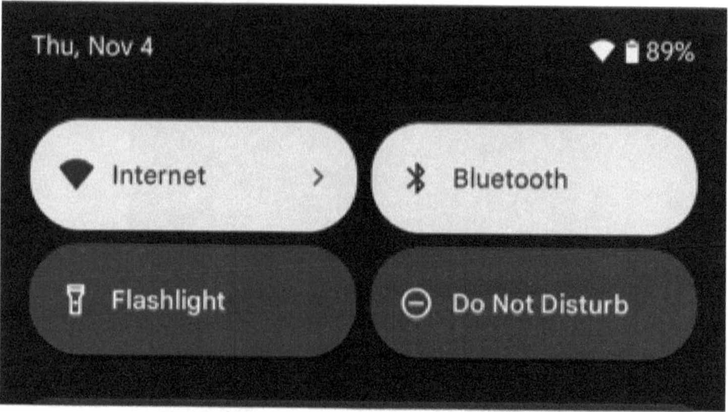

Da destra a sinistra, queste sono le opzioni che si possono modificare o utilizzare:

- Wi-fi
- Bluetooth
- Non disturbare
- Torcia elettrica

Se si continua a trascinare verso il basso, questo sottile menu si espande e sono disponibili altre opzioni.

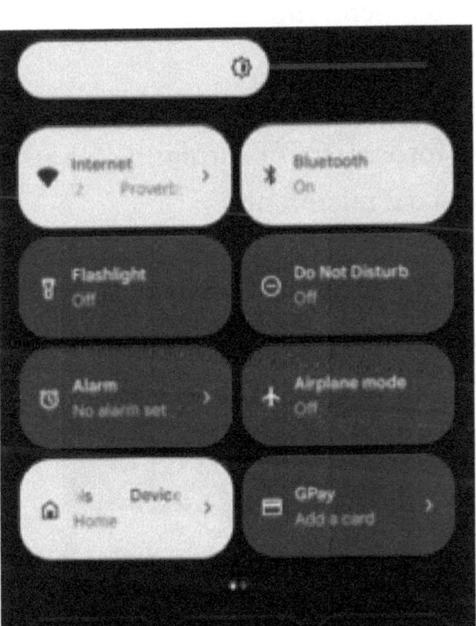

Il primo si trova nella parte superiore dello schermo: è il cursore, che rende il dispositivo più luminoso o più debole a seconda della direzione in cui lo si trascina.

È possibile far scorrere il dito per visualizzare altre opzioni:

- Rotazione automatica - Blocca (sblocca) la rotazione del dispositivo.
- Battery Saver - Mette il dispositivo in modalità a basso consumo energetico per prolungare la durata della batteria, ma non la potenza di elaborazione.
- Screen cast - Trasmette lo schermo a un altro dispositivo, come una Google TV.
- Registrazione dello schermo - Una volta la registrazione dello schermo richiedeva un'applicazione speciale; Android 11 ha introdotto la registrazione nativa. In questo modo è possibile registrare ciò che si sta facendo sullo schermo e condividerlo con altri. È ottimo per i video tutorial. È anche possibile

utilizzare il microfono del telefono per raccontare con la propria voce.

- Quota nelle vicinanze
- Disabilita fotocamera / microfono - Disattiva rapidamente la fotocamera o il microfono.

In basso a sinistra si trova un piccolo pulsante di modifica a matita. Consente di riorganizzare le opzioni visualizzate.

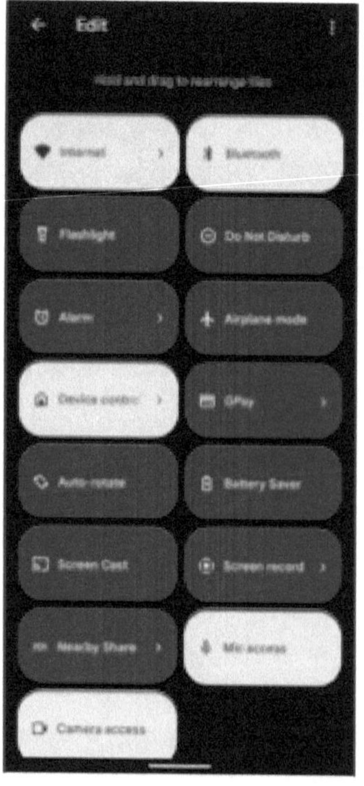

Scorrendo ancora un po', si potranno vedere altre impostazioni rapide da aggiungere alla barra delle notifiche. Tra queste:

- **Dati** - Toccando questa opzione si attivano e disattivano i dati, il che è utile se si è a corto di dati e non si vuole che vengano addebitati costi aggiuntivi.

- **Luce notturna** - Si tratta di una modalità speciale che oscura lo schermo e lo rende adatto alla lettura in ambienti bui.
- **Batteria condividi** - quando si preme questo pulsante, è possibile utilizzare il dispositivo come un caricatore wireless. Che cosa significa? Supponiamo che un amico abbia un iPhone con ricarica wireless e sia quasi senza batteria. È possibile premere questo pulsante, quindi tenere il suo telefono contro il proprio e condividere la batteria in modalità wireless con lui.

Un'altra caratteristica interessante di quest'area di notifica è la possibilità di visualizzare la cronologia delle notifiche.

Se ricevete molte notifiche, è probabile che abbiate accidentalmente scartato qualcosa che non volevate. Ora potete vedere di cosa si tratta.

Per utilizzarla, andate in fondo a tutte le notifiche, quindi selezionate "Gestisci".

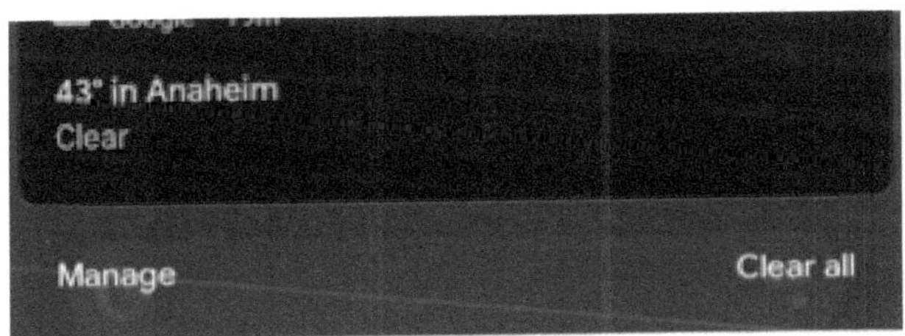

Da qui, attivare "Usa cronologia notifiche".

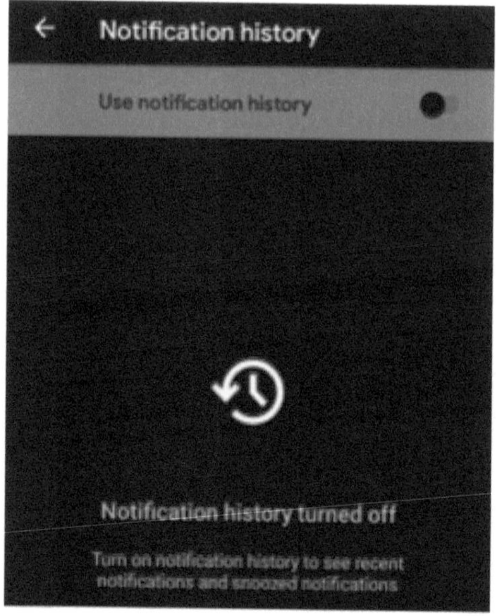

Ora, quando si torna alla stessa area, la voce "Gestione" è sostituita da "Cronologia".

Vi sentite senza casa?

Forse avete notato che nel vostro telefono manca qualcosa di importante: il pulsante Home. Sui telefoni più vecchi, questo pulsante era fondamentale per accedere alla schermata iniziale ogni volta che lo si premeva.

Come si fa a tornare a casa senza un pulsante Home?! Facile. Siete pronti? Passate il dito verso l'alto. Ecco fatto!

Se avete usato un qualsiasi dispositivo Apple, allora conoscete bene Siri. È l'assistente che "a volte" funziona; Google ha la sua versione di Siri e si chiama Google Assistant. Il nome non è così creativo come quello di Siri, ma molti dicono che funziona meglio. Lascio a voi il compito di giudicare.

Per accedere all'Assistente Google da qualsiasi punto, basta dire "Ok, Google". Se ci si trova nella schermata Home, c'è anche un widget dell'Assistente Google. Questa piccola barra non si limita a fissare appuntamenti e a ottenere informazioni: è anche una ricerca globale. Che cosa significa? Significa che potete digitare qualsiasi cosa vogliate sapere e l'assistente cercherà sia in Internet che sul telefono. e il telefono. Se si tratta di un contatto nel telefono, lo troverà. Ma se si tratta degli orari di apertura del Museo degli Strani, la ricerca verrà effettuata su Internet e vi fornirà anche una mappa del luogo e il numero di telefono.

Muoversi con il telefono Pixel

Quando si tratta di muoversi con il Pixel, imparare a usare i gesti sarà il metodo più rapido ed efficace. È possibile modificare alcune opzioni dei gesti accedendo all'app Impostazioni, quindi Sistema > Gesti > Navigazione di sistema. quindi Sistema > Gesti > Navigazione di sistema.

Il gesto più importante è come tornare alla schermata iniziale, perché non ci sono pulsanti. È il più facile da ricordare: scorrere il dito verso l'alto dalla parte inferiore dello schermo.

Quando si è su una pagina Internet È possibile scorrere il dito dal bordo sinistro o destro dello schermo per andare avanti o indietro.

Per selezionare il testo, toccare e tenere premuto sul testo, quindi sollevare il dito quando risponde.

Multitasking

Questi sono i gesti più semplici da ricordare; se si desidera spostarsi rapidamente, tuttavia, è necessario conoscere i due grandi gesti multitasking, che consentono di passare da un'app all'altra.

Il primo è quello di vedere le applicazioni aperte. Per farlo, passate il dito verso l'alto come se steste andando alla schermata Home, ma continuate fino a circa la metà dello schermo, quindi fermatevi e sollevate il dito, senza fare un gesto rapido verso l'alto come quando andate a Home. In questo modo vengono visualizzate le anteprime di tutte le app aperte e si può passare da una all'altra. Toccare quella che si desidera aprire.

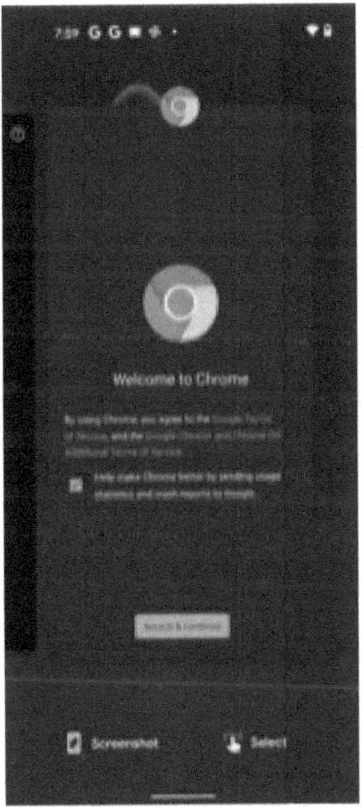

Il modo più rapido per passare avanti e indietro tra due o tre app, tuttavia, è quello di scorrere il dito da sinistra a destra lungo il bordo inferiore dello schermo. In questo modo si passa da un'app all'altra nell'ordine in cui sono state utilizzate.

Zoom

Avete bisogno di vedere il testo più grande? Ci sono due modi per farlo. Nota: questo funziona su molte applicazioni, ma non su tutte.

Il primo modo è quello di pizzicare per zoomare.

Il secondo metodo consiste nel toccare due volte il testo.

Ruotare

Probabilmente avete notato che se ruotate il telefono, ruota anche lo schermo. E se non si desidera ruotare l'intero schermo? È possibile disattivare questa funzione in modo molto semplice. Passare il dito verso il basso e toccare il pulsante "frecce" per attivarlo o disattivarlo.

[3]

Una panoramica incredibilmente semplice di tutte le cose da sapere

Questo capitolo tratta di:

- Personalizzazione delle schermate
- Schermi divisi
- Gesti

Creare schermi graziosi

Se avete usato un iPhone o un iPad, potreste notare che lo schermo sembra un po'... spoglio. Non c'è letteralmente nulla su di esso. Forse vi piace. Se è così, buon per voi! Andate avanti. Se invece volete decorare lo schermo con scorciatoie e widget, continuate a leggere. Poiché Android 12 ha reso le cose più importanti per voi, preparatevi ad avere più controllo che mai!

Aggiunta di scorciatoie

È sufficiente trovare qualsiasi app su questa schermata e tenerla premuta; quando viene visualizzato un menu, trascinarla verso l'alto finché non appare la schermata e spostarla nel punto desiderato. È anche possibile trascinarlo in nuove schermate.

Per rimuovere un'applicazione da una schermata, toccare e tenere premuto, quindi trascinarla verso l'alto fino al testo "Rimuovi" che appare quando la si sposta verso l'alto. Quando è lì, lasciarla andare.

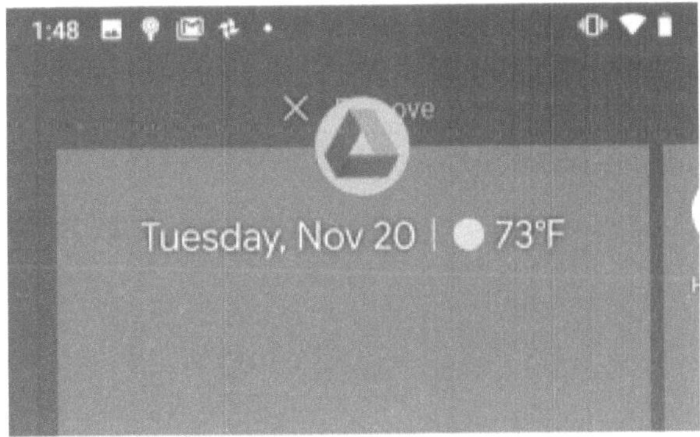

Widget

Le scorciatoie sono belle, ma i widget sono meglio. I widget sono una sorta di mini-programmi che vengono eseguiti sullo schermo. Un widget comunemente inserito sullo schermo è quello delle previsioni del tempo. Nel corso della giornata il widget si aggiorna automaticamente con informazioni aggiornate.

Per aggiungere un widget, andare alla schermata in cui si desidera aggiungerlo e toccare e tenere premuto finché non viene visualizzato il menu.

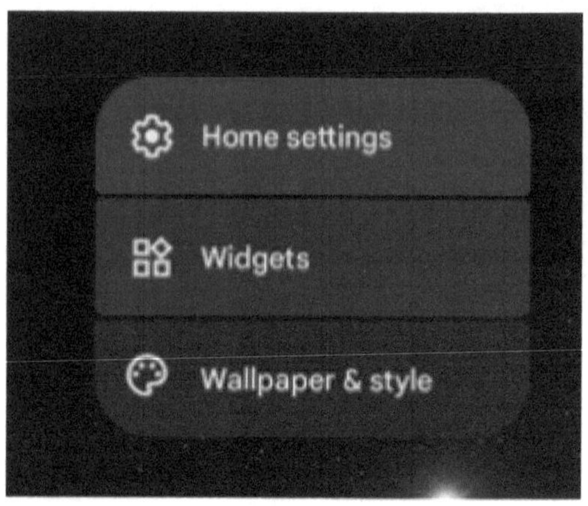

Selezionate "Widget." Si apre una libreria di widget, come un mini negozio di applicazioni.

Quando ne trovate uno da aggiungere, toccatelo e tenetelo premuto, quindi trascinatelo nella schermata in cui volete aggiungerlo.

I widget sono disponibili in ogni tipo di forma e dimensione, ma la maggior parte di essi può essere ridimensionata. Per ridimensionarlo, toccarlo e tenerlo premuto. Se si vedono dei cerchietti, è possibile toccarli e trascinarli all'interno o all'esterno per ingrandirli o rimpicciolirli.

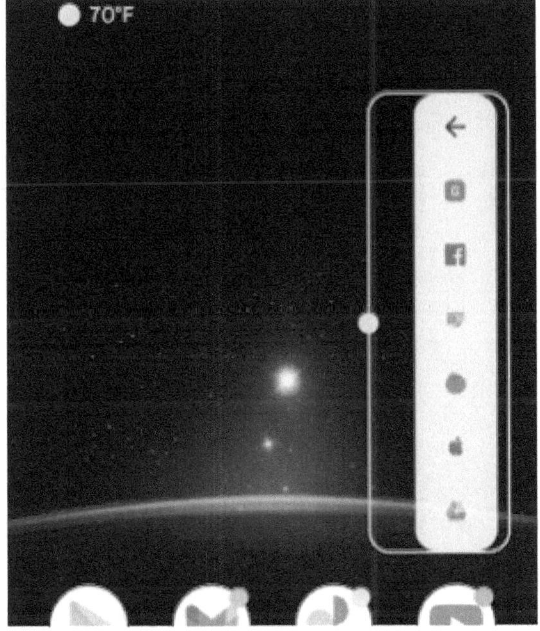

I widget si rimuovono nello stesso modo in cui si rimuovono i collegamenti. Toccare e tenere premuto, quindi trascinare il widget verso l'alto per rimuoverlo.

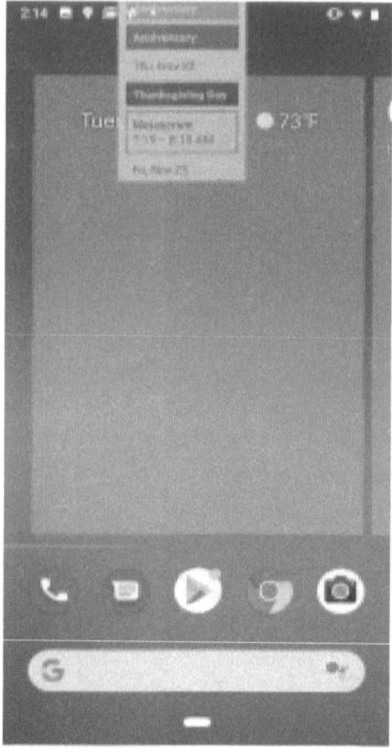

Carta da parati

L'aggiunta di uno sfondo allo schermo avviene in modo simile. Toccate e tenete premuto il dito sulla schermata Home, quando si apre il menu, selezionate "Sfondo" invece di "Widget"."invece di "Widget." Alcune delle opzioni si muovono anche, in modo che lo sfondo abbia sempre qualcosa che si muove sullo schermo, come un film in lento movimento.

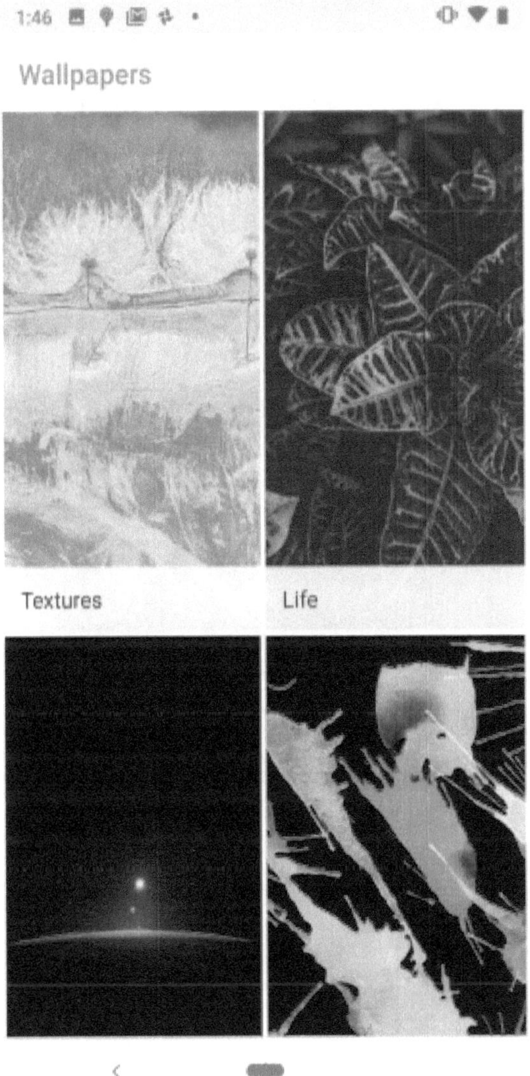

Quando è aperto uno sfondo che si desidera aggiungere, è sufficiente premere il pulsante "Imposta sfondo"nell'angolo in alto a destra.

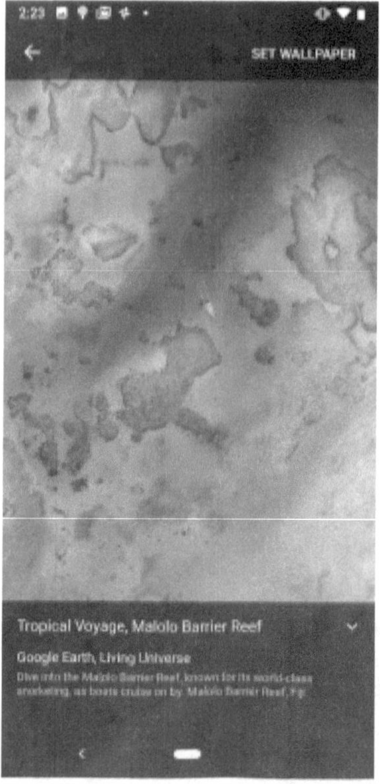

È inoltre possibile modificare lo stile del telefono, ad esempio i colori.

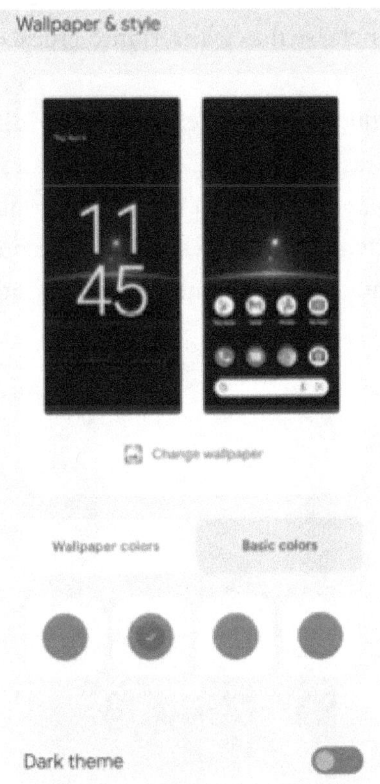

Una parola o due sui menu

È abbastanza intuitivo che se si tocca un'icona, si apre l'applicazione. Ciò che non è così ovvio è che se si tocca e si tiene premuto ci sono altre opzioni. Ogni app è diversa. Di solito si tratta di scorciatoie: toccando e tenendo premuto sull'icona del telefono, ad esempio, si accede ai preferiti; facendo la stessa cosa sulla fotocamera si accede alla modalità selfie. Toccare e tenere premuto sulle app preferite per vedere quali sono i collegamenti disponibili.

Schermi a sputo

Il telefono Pixel è disponibile in due diverse dimensioni; lo schermo più grande offre ovviamente molto più spazio, il che rende le app a schermo diviso una funzione piuttosto utile. Funziona anche sul Pixel più piccolo, anche se non è altrettanto efficace sullo schermo più piccolo.

Per utilizzare questa funzione, scorrere il dito verso l'alto per visualizzare il multitasking; quindi, toccare l'icona sopra la finestra che si desidera trasformare in schermo diviso (nota: questa funzione non è supportata da tutte le app); se lo schermo diviso è disponibile, verrà visualizzato un menu con un'opzione per lo schermo diviso.

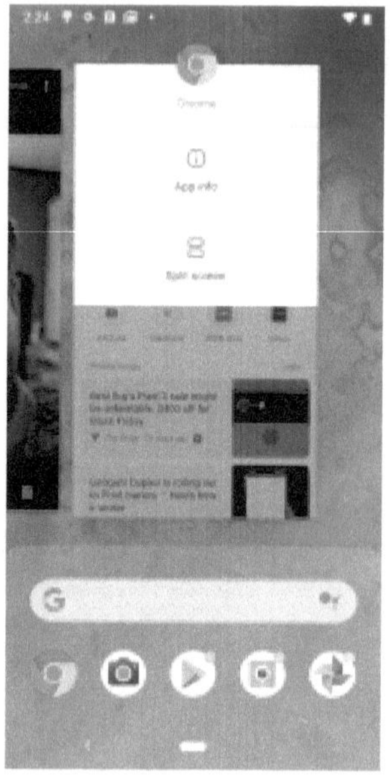

Una volta toccato "schermo diviso", si potrà scorrere a sinistra e a destra per trovare l'app con cui si desidera dividere lo schermo. Toccare quella desiderata.

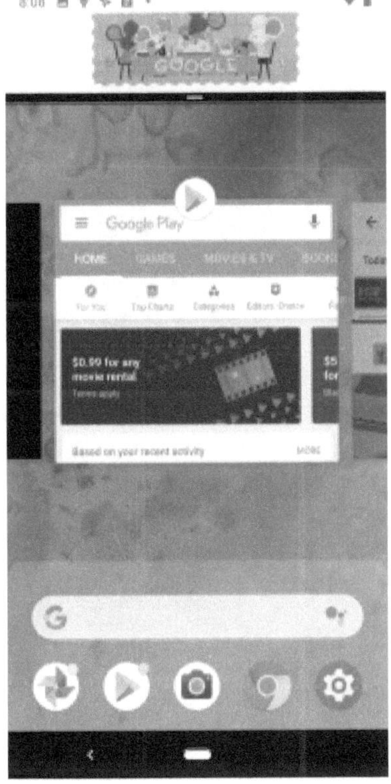

Lo schermo è ora diviso in due.

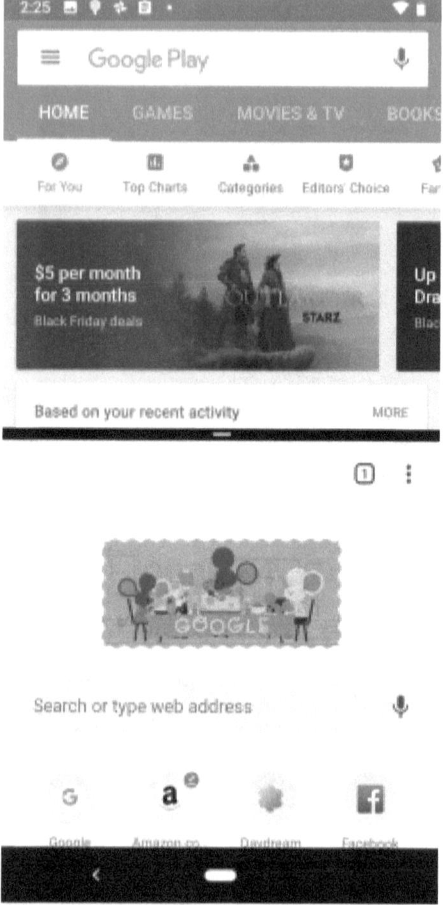

La sottile barra nera al centro è regolabile; è possibile spostarla verso l'alto o verso il basso in modo che una delle app abbia più spazio sullo schermo.

Per uscire da questa modalità, trascinare la barra nera verso l'alto o verso il basso finché una delle applicazioni non scompare completamente.

Gesti

Vai alla telecamera

Premere due volte il pulsante di accensione per passare rapidamente alla fotocamera.

Videocamera Flip

Per entrare e uscire dalla modalità selfie mentre si è nella fotocamera, basta ruotare due volte il telefono.

Doppio tocco

Se il telefono è in standby, toccare due volte lo schermo per visualizzare l'ora e le notifiche.

Assistente Google

L'Assistente Google può essere attivato pronunciando "Ehi, Google". Per quanto riguarda i gesti, c'è un nuovo modo: passare il dito dall'angolo inferiore destro o sinistro.

Hi, how can I help?

[4]

Le basi... e mantenere una semplicità ridicola

Questo capitolo tratta di:

- Effettuare chiamate
- Invio di messaggi
- Trovare e scaricare le app
- Indicazioni stradali

Ora che avete configurato il vostro telefono e conoscete il dispositivo al livello più elementare, esaminiamo le app che userete di più e che sono attualmente presenti nella barra dei collegamenti o dei preferiti:

- Telefono
- Messaggi
- Google Play Store
- Cromo

Notate che la telecamera è fuori da questo elenco? C'è molto da trattare con la fotocamera, quindi la analizzerò in un capitolo a parte.

Prima di entrare nel merito, c'è qualcosa che dovete sapere: come aprire le app non presenti sulla vostra barra preferita. È facile. Dalla schermata iniziale, scorrere il dito verso l'alto dal basso. Notate il menu che appare? È lì che si trovano tutte le app aggiuntive.

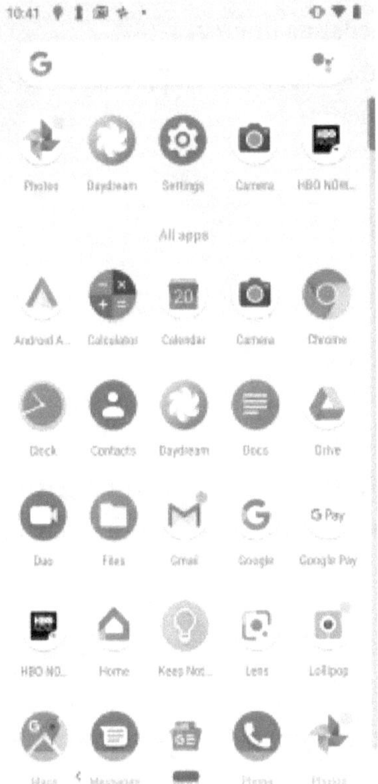

Effettuare chiamate

Allora... chi chiamerai? Gli acchiappafantasmi?

Sareste la persona più fantastica del mondo se Ghostbusters fosse tra i contatti del vostro telefono! Ma prima di trovare quel numero nei contatti, probabilmente vi sarà utile sapere come aggiungere un contatto, trovare un contatto, modificare un contatto e inserire i contatti in gruppi, giusto? Quindi, prima di passare alle chiamate, facciamo dei piccoli passi e parliamo dei Contatti.

Contatti

Apriamo quindi l'app Contatti per iniziare. La vedete? Non è sulla barra dei preferiti, giusto? Allora dov'è? Ecco perché prima vi ho mostrato come raggiungere le app aggiuntive. Passare il dito verso l'alto dalla parte inferiore dello schermo e continuare a farlo fino a quando il menu non appare nella sua interezza.

È in ordine alfabetico, quindi l'applicazione Contatti si trova nella C. L'aspetto è il seguente:

Se avete aggiunto il vostro account di posta elettronica, è probabile che abbiate già molti contatti in elenco. Ad esempio, centinaia!

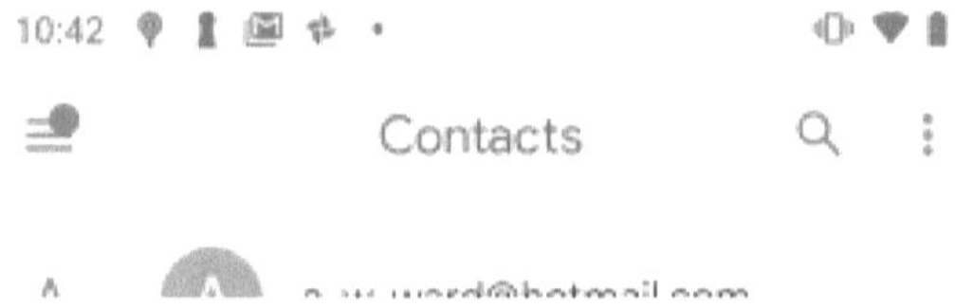

È possibile scorrere lentamente, oppure spostarsi sul lato destro dell'app e scorrere: in questo modo è possibile scorrere rapidamente per lettere. Basta far scorrere il dito fino a visualizzare la lettera del contatto desiderato e poi fermarsi.

Ma sto andando avanti! Prima di poter scorrere, sarebbe opportuno sapere come aggiungere un contatto in modo che ci siano persone da scorrere. Per aggiungere un contatto, toccate il segno più blu.

L'aggiunta di una persona assomiglia più a una domanda di lavoro che all'aggiunta di un contatto. Ci sono file e file di campi!

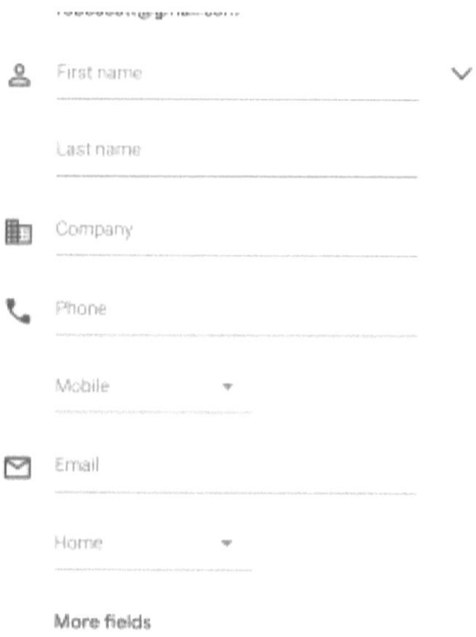

First name

Last name

Company

Phone

Mobile

Email

Home

More fields

Nel caso in cui non siate stati sopraffatti da tutti i campi, potete toccare altri campi e ottenere ancora di più!

Non è sufficiente? Google vi copre perché potete aggiungere un campo personalizzato!

Ecco la cosa più importante da sapere: i campi sono facoltativi! Potete aggiungere il nome e l'e-mail e basta. Non è nemmeno necessario aggiungere il numero di telefono. Se volete chiamarli, però, sarebbe sicuramente utile.

Se avete difficoltà a ricordare chi sono le persone, potete anche scattare una foto o aggiungere una foto che avete già. È utile se avete otto figli e non riuscite a ricordare se Joey è quello con i capelli biondi o rossi.

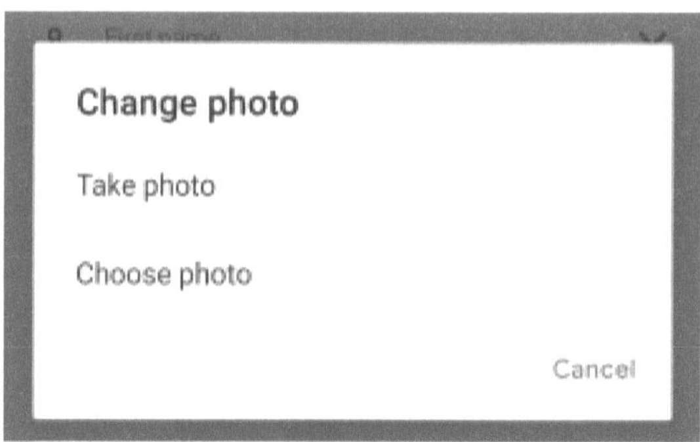

Una volta terminato, toccare la casella di controllo. In questo modo si salva. Se decidete di non aggiungere un contatto, toccate la X per chiuderlo senza salvarlo.

Modifica di un contatto

Se si aggiunge un'e-mail e poi si decide di aggiungere un numero di telefono, o se si desidera modificare qualsiasi altra cosa, è sufficiente trovare il nome nei contatti e toccarlo una volta. In questo modo vengono visualizzate tutte le informazioni già aggiunte.

Andare nell'angolo inferiore e toccare il pulsante della matita. In questo modo il contatto diventa modificabile. Andare nel campo desiderato e aggiornarlo. Al termine, toccare la casella di controllo nell'angolo superiore destro.

Condivisione di un contatto

Se avete il telefono abbastanza a lungo, qualcuno vi chiederà il numero di telefono di "tal dei tali". Il vecchio modo era quello di scriverlo. Ma voi avete uno smartphone, quindi non siete all'antica!

Il nuovo modo di condividere un numero consiste nel trovare la persona tra i contatti, toccare il suo nome, quindi toccare i tre punti nell'angolo superiore destro dello schermo. Si aprirà un menu.

Delete

Share

Add to Home screen

Set ringtone

Route to voicemail

Help & feedback

Ci sono alcune opzioni, ma quella desiderata è "Condividi"; da qui si hanno diverse possibilità, ma la più semplice è quella di inviare un messaggio di testo o un'e-mail al contatto del vostro amico. In questo modo si invia una scheda di contatto. Se si dispone di altre informazioni su quel contatto (ad esempio l'e-mail), anche queste verranno inviate.

Cancellare il contatto

Nel menu appena mostrato sono presenti altre opzioni. Se decidete che una persona è morta per voi e non volete più contattarla, potete tornare al menu e toccare "Elimina". In questo modo la persona viene cancellata dal telefono, ma non dalla vita.

Organizzarsi

Una volta che si iniziano ad avere molti contatti, la ricerca di qualcuno diventerà più lunga. Le etichette aiutano. Ad esempio, è possibile aggiungere un'etichetta "Famiglia" e inserire tutti i membri della propria famiglia.

Quando si aprono i contatti e si toccano le tre linee nell'angolo superiore sinistro, viene visualizzato un menu. Qui si trovano le etichette. Con le etichette, potete saltare direttamente nell'elenco e trovare il contatto che vi serve.

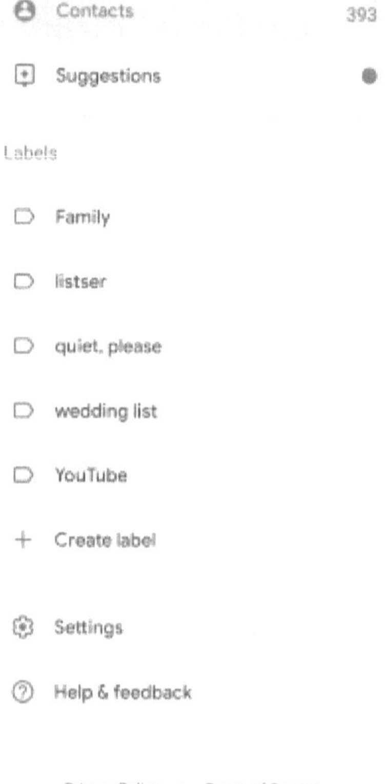

È anche possibile inviare un'e-mail o un messaggio di testo all'intero gruppo dell'etichetta. Ad esempio, se vostro figlio compie 2 anni e volete ricordare a tutti i contatti "Famiglia" di non venire, toccate l'etichetta e poi i tre puntini nell'angolo in alto a destra. Si aprirà un menu di opzioni.

Send email

Send message

Remove contacts

Rename label

Delete label

Da qui, basta toccare invia e-mail o invia messaggio.

Ma cosa succede se non si hanno etichette? O se si desidera aggiungere persone a un'etichetta? È facile. Ricordate quella lunga applicazione che usavate per aggiungere un contatto? Uno dei campi si chiamava "Etichette". Dovete toccare di più per vederlo. È in fondo alla pagina. Uno degli ultimi campi, in effetti.

Se non si è mai aggiunta un'etichetta o se si desidera aggiungerne una nuova, basta iniziare a digitare. Se ne avete un'altra che desiderate utilizzare, toccate la freccia e selezionatela.

Al termine, non dimenticate di toccare "Salva".

Cancellare l'etichetta

Se decidete di non avere più un'etichetta, andate al menu che vi ho mostrato sopra: menu laterale, poi i tre punti. Da qui, toccare "Elimina etichetta".

Se c'è solo una persona che volete eliminare dall'etichetta, toccatela, andate all'etichetta ed eliminatela.

Effettuare chiamate

Questo conclude il nostro viaggio nell'app Contatti. Ora possiamo tornare a telefonare agli Acchiappafantasmi.

È possibile effettuare una chiamata aprendo l'app Contatti, selezionando il contatto e toccando il suo numero di telefono. In alternativa, è possibile toccare il pulsante Telefono dalla schermata iniziale o dalla barra dei preferiti.

All'apertura di questa applicazione sono disponibili alcune opzioni. Parliamo di ciascuna di esse.

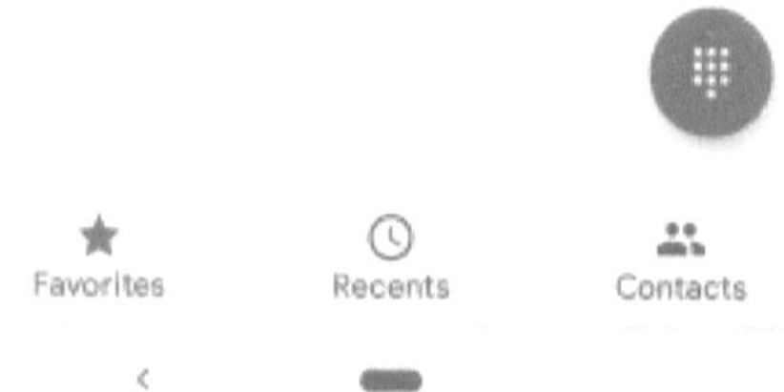

A partire dall'estrema sinistra si trova la scheda Preferiti. Se si tocca questa scheda, vengono visualizzati i contatti preferiti. Se non ne avete aggiunti, questa scheda sarà vuota. Se si desidera rendere qualcuno il proprio preferito, toccarlo nei Contatti e toccare la stella in alto accanto al suo nome. Una volta fatto questo, inizierà a comparire automaticamente qui.

Al centro si trova la scheda Recenti. Se sono state effettuate delle chiamate, saranno visualizzate qui.

L'ultima opzione è Contatti, che apre una versione dell'app Contatti all'interno dell'app Telefono.

A destra si trova anche il pulsante di selezione.

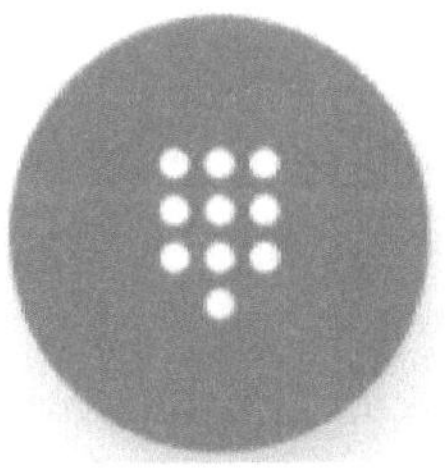

Se si desidera comporre un numero alla vecchia maniera, toccando i numeri, toccare questo.

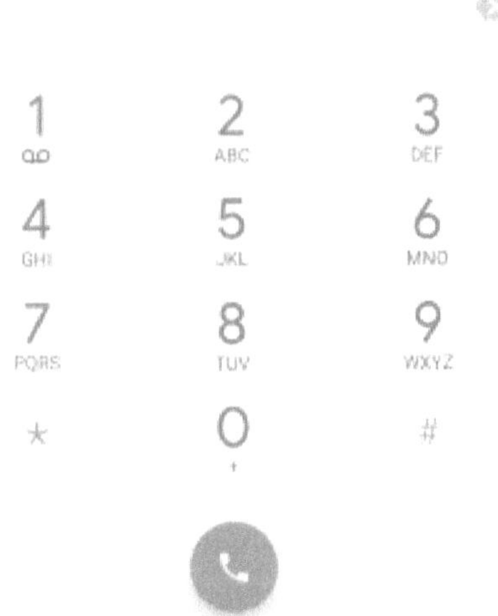

Una volta terminata la chiamata, premere il pulsante "Fine" sul telefono.

Rispondere e rifiutare le chiamate

Cosa fate quando qualcuno vi chiama? Probabilmente lo ignorate perché è un operatore di telemarketing!

È comunque facile accettare una chiamata. Quando il telefono squilla, appare il numero e, se la persona è presente nei Contatti, anche il nome. Per rispondere, è sufficiente passare il dito su "rispondi". Per rifiutare, basta trascinare il "declino".

Giocare a Angry Birds mentre si parla con la mamma arrabbiata

Cosa succede se state telefonando a vostra madre e lei si sta lamentando di qualcosa, ma non volete essere scortesi e riattaccare? È facile. Fate del multitasking! Questo significa che potete giocare ad Angry Birds mentre parlate!

Per eseguire il multitasking, è sufficiente scorrere il dito verso l'alto dalla parte inferiore del telefono e aprire l'applicazione in cui si desidera lavorare mentre si sta parlando. La chiamata verrà visualizzata nell'area di notifica. Toccarla per tornare alla chiamata.

Diretta la mia chiamata

Direct My Call è stato lanciato nel 2021 come un modo per aiutare l'utente a navigare rapidamente nei menu automatici. L'intelligenza artificiale del Pixel 7 è in grado di rilevare i menu e di inserire un menu di chiamata sullo schermo, in modo da facilitare la navigazione prima della voce in linea. È una funzione che migliorerà con il tempo, quindi all'inizio potrebbe non funzionare come previsto.

Per utilizzarla, aprite l'app Telefono, quindi toccate l'icona del menu a tre punti nell'angolo superiore e selezionate "Impostazioni". Andare su "Chiamata diretta" e attivarla.

Tieni per me

Google Assistant è diventato letteralmente il vostro assistente. Questo vale soprattutto per le telefonate. Siete mai stati in attesa per troppo tempo? L'Assistente Google conosce il vostro dolore ed è disposto ad aspettare per voi! Vi dirà quando rileverà che un umano ha risposto. Per utilizzarlo, aprite l'app Telefono, toccate il menu a tre punti nell'angolo in alto a destra e selezionate "Impostazioni". Infine, toccare "Tieni per me".

Non siate spammosi

A nessuno piace la telefonata che chiede se si vuole acquistare qualcosa. Google può aiutarvi a filtrare le chiamate e a eliminare lo spam. Per attivarlo, accedete all'app Telefono, toccate i tre puntini nell'angolo in alto a destra e toccate Impostazioni. Andate su "Schermata spam e chiamate". Toccate la levetta accanto a "Vedi ID chiamante e spam".

Messaggi

Ora che conoscete il funzionamento di Contatti e Telefono, la messaggistica sarà come una seconda natura. Condividono molte delle stesse proprietà.

Apriamo l'applicazione Messaggi (si trova nella barra dei preferiti).

Creare / inviare un messaggio

Una volta selezionati i contatti a cui inviare un messaggio, toccare Componi. È anche possibile digitare manualmente il numero nel campo di testo.

È possibile aggiungere più di un contatto: si tratta di un testo di gruppo.

Utilizzare il campo di testo per digitare il messaggio. Se si desidera aggiungere qualcosa di particolare al messaggio (come foto o gif), toccare il segno più. Si aprirà un menu con altre opzioni.

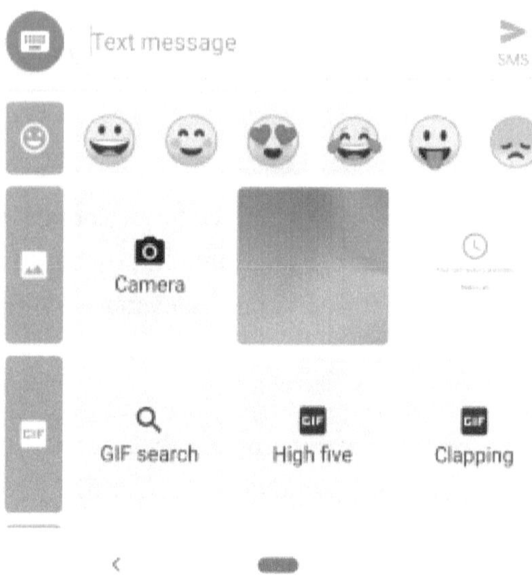

Quando si è pronti a inviare il messaggio, toccare la freccia con l'SMS sotto di essa.

Visualizza il messaggio

Quando si riceve un messaggio, il telefono vibra, cinguetta o non fa nulla, a seconda di come è stato configurato. Per visualizzare il messaggio, è possibile aprire l'applicazione o scorrere il dito verso il basso per vedere le notifiche, una delle quali sarà il messaggio di testo.

Conversazioni

Con Android 11 Google ha fatto passi da gigante per rendere la risposta ai messaggi più snella e semplice.

Uno dei punti di riferimento è rappresentato dalle Conversazioni. Quando si riceve un messaggio (di testo, di Facebook, di Twitter, ecc.), lo si vedrà nell'area di notifica scorrendo dall'alto verso il basso.

Il vecchio metodo consisteva nel fare clic sul messaggio per rispondere. Ora è possibile visualizzare il messaggio, impostare il livello di priorità e rispondere direttamente da quest'area.

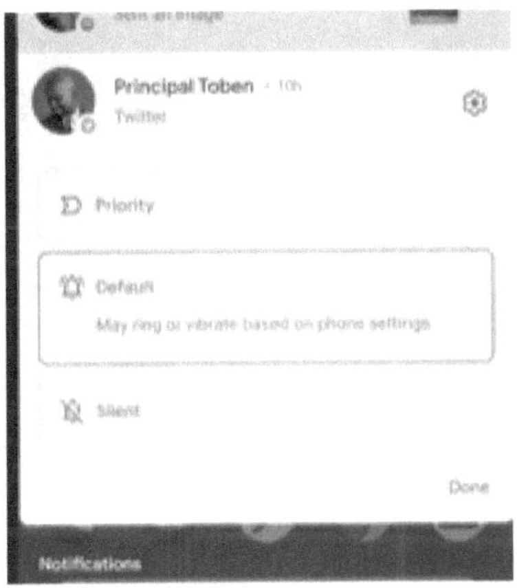

Bolle di chat

Un'altra area in cui Android 11 semplifica l'approccio ai messaggi è quella delle bolle di chat. Le bolle di chat appariranno sul lato dell'applicazione in cui si sta lavorando, in modo da poter rispondere senza chiudere l'applicazione. Come suggerisce il nome, si tratta di piccole bolle sul lato dello schermo.

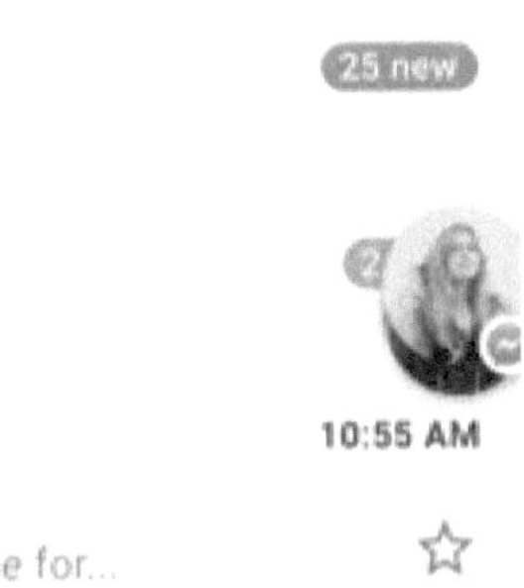

Se questa funzione non vi piace, potete disattivarla accedendo all'applicazione Impostazioni, poi App e notifiche. quindi App e notifiche> Notifiche > Bolle.

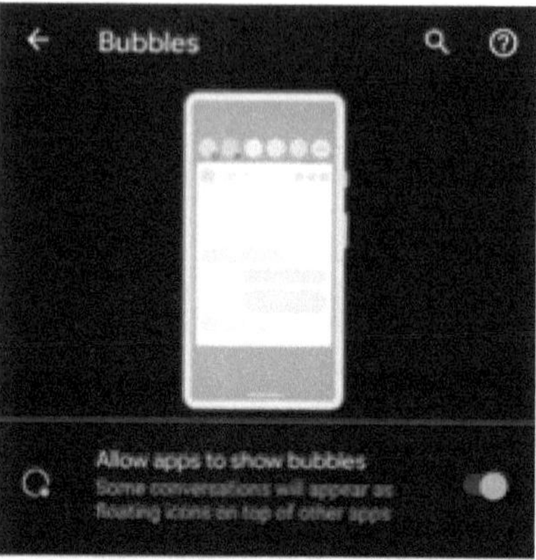

Risposta intelligente

Se siete utenti di Gmail, probabilmente avete iniziato a vedere le Smart Reply nelle vostre e-mail. La risposta intelligente utilizza un motore computerizzato per riconoscere ciò che digiterete successivamente e proporre un suggerimento.

Risposta intelligente funziona così sorprendentemente bene che potreste essere un po' spaventati, come se ci fosse una persona dall'altra parte dello schermo a leggere i vostri messaggi! Non è così. È tutta intelligenza artificiale. Ma se la funzione vi sembra comunque inquietante o fastidiosa, potete andare nell'app Impostazioni e cercare Smart Reply. e cercare Smart Reply. Alla voce Suggerimenti in chat, troverete una levetta per attivare/disattivare la funzione.

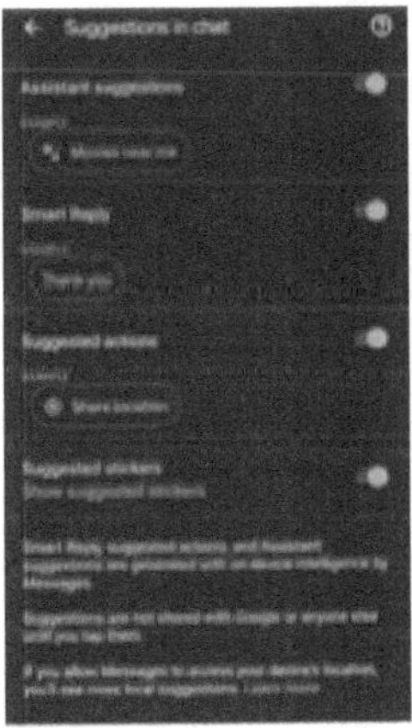

Dov'è un'app per questo?

Prima ho detto che si può giocare ad Angry Birds mentre si parla al telefono con la mamma arrabbiata. Sembra divertente? Ma dov'è Angry Birds sul vostro telefono? Non c'è! Dovete scaricarlo.

Aggiungere e rimuovere app sul Pixel è facile. Andate alla barra dei preferiti nella parte inferiore della schermata Home e toccate l'app Google Play.

Questo lancia il Play Store.

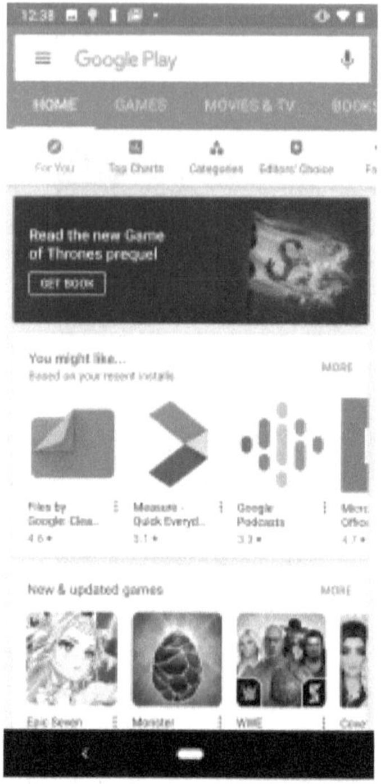

Da qui è possibile sfogliare le app migliori, vedere le scelte dei redattori, consultare le categorie o, se si ha in mente un'app, cercarla. Il Play Store non è solo per le app. È possibile utilizzare le schede in alto per accedere a film, libri e musica. Qui è possibile trovare qualsiasi tipo di contenuto scaricabile offerto da Google.

Quando vedete l'applicazione che desiderate, toccatela. È possibile leggere le recensioni, vedere le schermate e installarla sul telefono. Per installarla, basta toccare il pulsante di installazione: se si tratta di un'app a pagamento, verrà richiesto di acquistarla. Se non c'è un prezzo, è gratuita (o offre pagamenti in-app, il che significa che l'app è gratuita, ma contiene funzioni premium per le quali è necessario pagare).

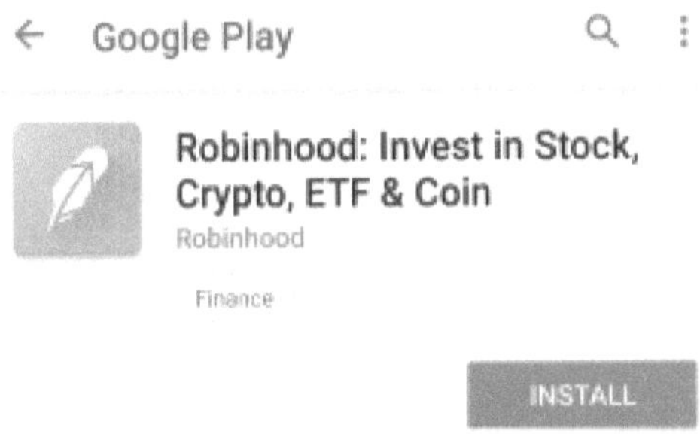

L'applicazione è ora memorizzata nella sezione app del dispositivo (ricordate la sezione a cui si accede quando si passa il dito dal basso verso l'alto).

Rimuovi App

Se decidete di non volere più un'applicazione, andate su di essa nel menu delle applicazioni e toccatela e tenetela premuta. Viene visualizzata una casella con la dicitura "Info app". Toccatela.

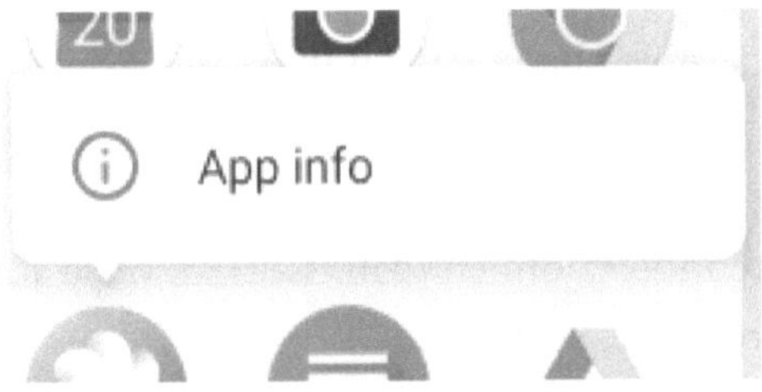

Da questo menu si ottengono tutte le informazioni sull'applicazione; una delle opzioni è quella di rimuoverla. Toccatela e il gioco è fatto.

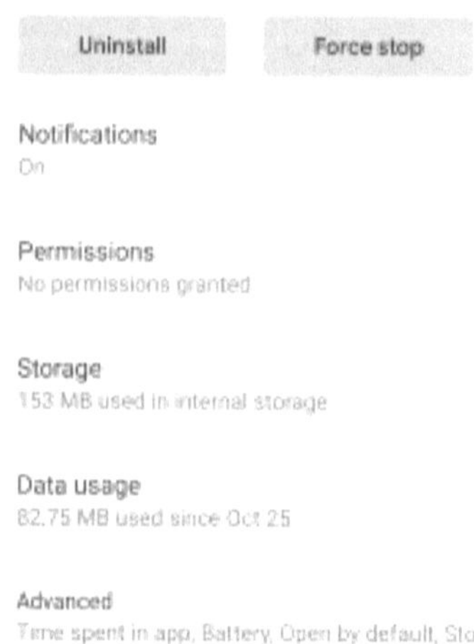

Se si scarica l'app dal Play Storeè sempre possibile eliminarla. Alcune app preinstallate sul telefono non possono essere eliminate.

Indicazioni stradali

In passato, potreste aver avuto un GPS. Si trattava di un elegante dispositivo di plastica che vi dava indicazioni per qualsiasi punto del Nord America. Potete buttare via quel dispositivo perché il vostro telefono è il vostro nuovo GPS.

Per ottenere indicazioni stradali, scorrere verso l'alto per aprire le applicazioni. Toccare l'app Mappe.

Verrà automaticamente impostato sul luogo in cui ci si trova attualmente, il che è inquietante e utile allo stesso tempo.

Per iniziare, è sufficiente digitare il luogo in cui si desidera andare. Sto cercando un parco divertimenti ad Anaheim.

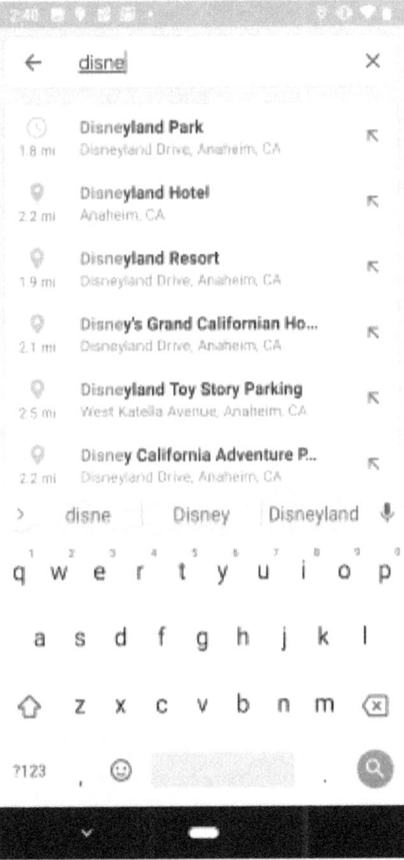

Il sistema inizia a riempire automaticamente il testo che si pensa di digitare e indica la distanza. Quando si vede quella desiderata, toccarla.

Individua la posizione sulla mappa e offre anche la possibilità di chiamare, condividere o ottenere indicazioni per raggiungere il luogo. Se si desidera ingrandire o rimpicciolire la mappa, basta usare due dita e pizzicare lo schermo verso l'interno o verso l'esterno.

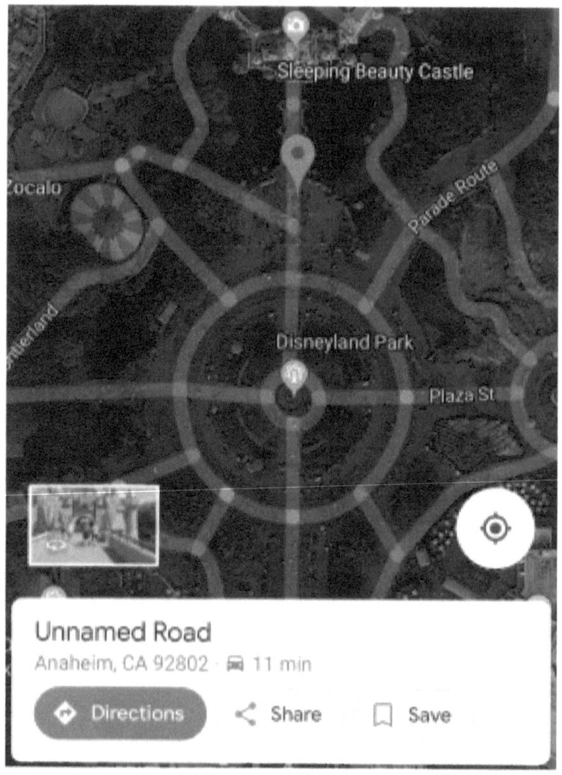

Ottiene automaticamente le indicazioni dal punto in cui vi trovate. Volete che le indicazioni provengano da una posizione diversa? Basta toccare il campo "La tua posizione" e digitare il punto in cui si vuole andare. È anche possibile invertire le indicazioni toccando le doppie frecce. Quando si è pronti a partire, toccare "Inizia".

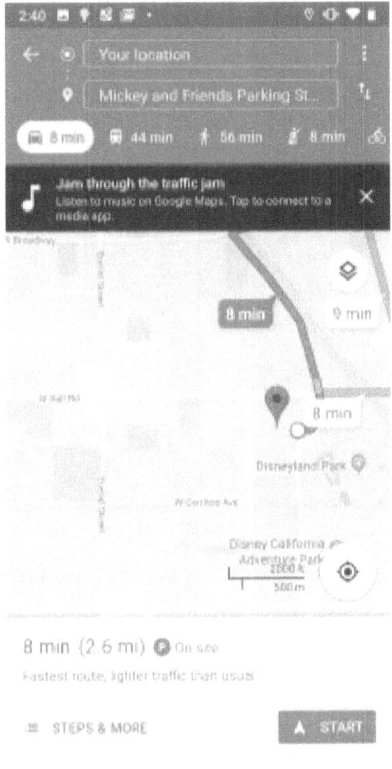

E se non volete guidare? E se voleste andare a piedi? O andare in bicicletta? O prendere un taxi? Ci sono opzioni per tutte queste e altre ancora! Toccate il cursore sotto la barra degli indirizzi e scegliete quello che preferite. In questo modo le indicazioni vengono aggiornate: quando si va a piedi, ad esempio, vengono mostrate le strade a senso unico e viene aggiornato il tempo necessario per percorrerle.

E se volete guidare ma siete come me: terrorizzati dalle autostrade in California? C'è un'opzione per evitare le autostrade. Toccate il pulsante del menu nell'angolo superiore destro dello schermo, quindi selezionate ciò che volete evitare e premete "Fatto". A questo punto si viene reindirizzati verso un percorso più lungo... notate che probabilmente i tempi sono cambiati?

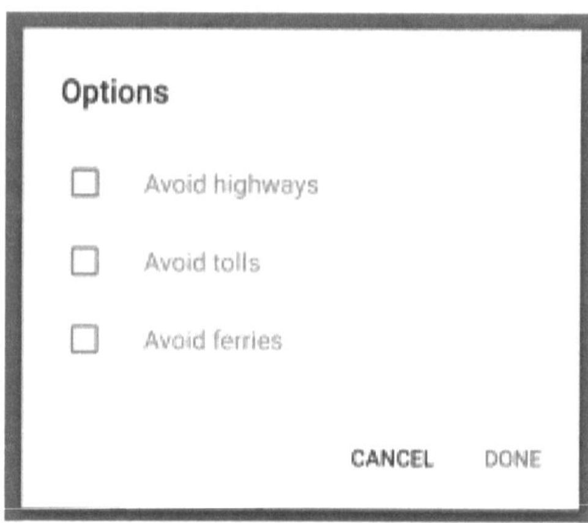

Una volta ottenute le indicazioni, è possibile scorrere il dito verso l'alto per ottenere indicazioni turn-by-turn. Si può anche vedere come appare dalla strada. Si chiama Street View.

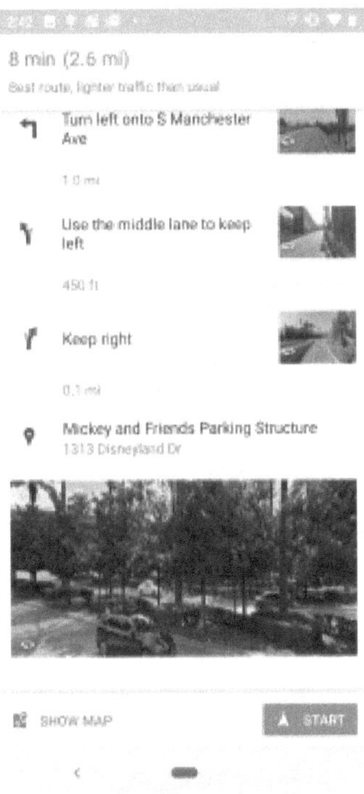

Street View non è solo per le strade. Google sta espandendo la funzione ovunque. Se si tiene premuto il dito sulla mappa, ci sarà un'opzione per mostrare Street View se è disponibile. Basta toccare la miniatura. Ecco una Street View:

Si può girare per tutto il parco! Se solo poteste anche salire sulle giostre! Potete avvicinarvi ancora di più all'azione prendendo le cuffie Dreamview. Quando si inserisce il telefono, si può ruotare la testa e la vista si trasforma con voi.

Street View è disponibile anche in molti centri commerciali e altre attrazioni turistiche. Puntando la mappa verso lo Smithsonian di Washington, DC, si ottiene una Street View davvero interessante.

Come si chiama questa canzone?

Tutti noi abbiamo avuto quel momento in cui, seduti in una caffetteria o in piedi in un ascensore, è suonata quella "unica" canzone. Quella che amiamo o odiamo o di cui vogliamo solo sapere il nome. Sì, c'è un'app che ci dice il nome, ma a volte non riusciamo a tirarla fuori in tempo o semplicemente non vogliamo un'altra app sul nostro telefono. È qui che Now Playing ci viene in aiuto.

Now Playing è presente fin dal Pixel 2, ma spesso passa inosservato. Rileva la musica in riproduzione intorno a voi e la aggiunge a un elenco che potete consultare in seguito. Tutto questo avviene in background e non ci si accorge nemmeno che è in funzione, a meno che non si siano impostate le notifiche.

Per vedere i brani registrati nel registro, andare su Impostazioni > Suono > In riproduzione. È possibile visualizzare il registro facendo clic sulla cronologia o attivando il pulsante "Mostra brani sulla schermata di blocco".

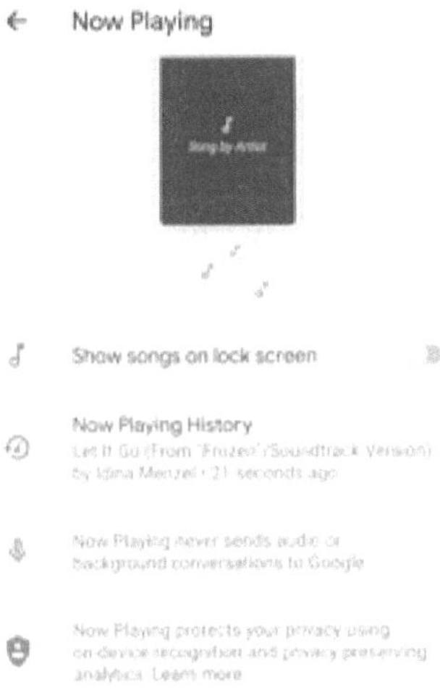

Didascalia in direttaing

Una delle caratteristiche più importanti di Android 10 è il live captioning; il live captioning può trascrivere qualsiasi video registrato e mostrare ciò che viene detto. Funziona sorprendentemente bene ed è piuttosto preciso.

Per attivarla, andare su Impostazioni > Suono > Didascalia dal vivo.

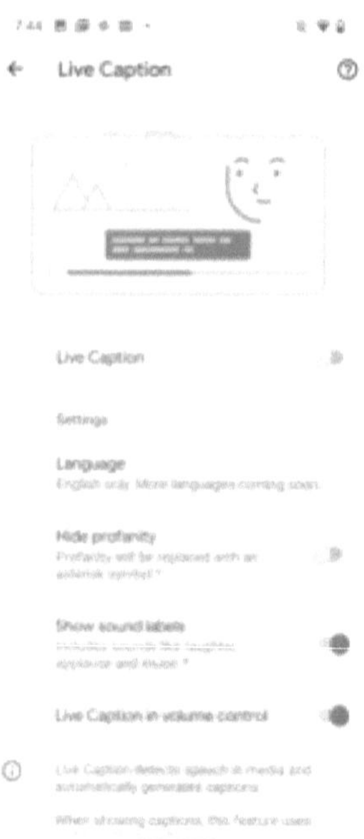

Nelle impostazioni è anche possibile disattivare il turpiloquio e, a breve, selezionare una lingua diversa. Se si tratta di qualcosa che si usa solo occasionalmente, consiglio di lasciarla disattivata, ma di attivarla in Didascalia live nel controllo del volume. Una volta attivata, non dovrete fare altro che premere il tasto del volume. Una volta fatto ciò, vedrete l'opzione per attivarla; è l'opzione in basso.

Una volta attivata, inizierete a vedere la trascrizione in pochi secondi.

Frequenza di aggiornamento

Il Pixel 5 supporta una frequenza di aggiornamento fino a 90Hz. Wow, vero? In realtà, la maggior parte delle persone non ha idea di cosa significhi. Si tratta di fotogrammi al secondo (FPS), ovvero 90 FPS. Quindi, cosa significa? Se si gioca o si utilizza qualcosa che si muove velocemente, significa che le cose sembreranno molto più fluide. Inoltre, la durata della batteria si riduce a zero, quindi è bene usare la massima cautela (la norma è 60 Hz).

Per attivarla/disattivarla ci sono due opzioni. Il primo modo è andare in Impostazioni > Display > Avanzate > Visualizzazione uniforme. In questo modo si attiva/disattiva automaticamente.

Se si vuole forzarla, c'è una seconda opzione. Nota: questa opzione è "da usare a proprio rischio e pericolo" perché è un'opzione per sviluppatori. Il mio consiglio è di non utilizzarla se non si sa cosa si sta facendo. Per farlo, andate in Impostazioni > Informazioni sul telefono; andate in fondo e toccate più volte il numero di build fino a raggiungere la modalità sviluppatore. Ora andate su Sistema > Avanzate > Opzioni sviluppatore > Forza frequenza di aggiornamento 90Hz.

Condivisione del Wi-Fi

Ogni volta che avete ospiti a casa, quasi sempre vi viene chiesto: qual è la password del vostro wi-fi. Se siete come me, probabilmente la domanda vi infastidisce. Forse la vostra password è molto lunga, forse non vi piace rivelarla o forse vi imbarazza troppo dire che è "Feet$FetishLover1". Qualunque sia il motivo, vi piacerà condividere il vostro wi-fi con i codici QR. Sono finiti i giorni in cui bisognava dare queste informazioni. Basta dare un codice da scansionare per avere accesso senza sapere quale sia la vostra password.

Per utilizzarlo, accedere alle impostazioni wi-fi, quindi selezionare il pulsante di configurazione per il wi-fi che si desidera condividere.

Verranno visualizzate le informazioni sul wi-fI; toccare l'opzione blu "Condividi" con il codice QR.

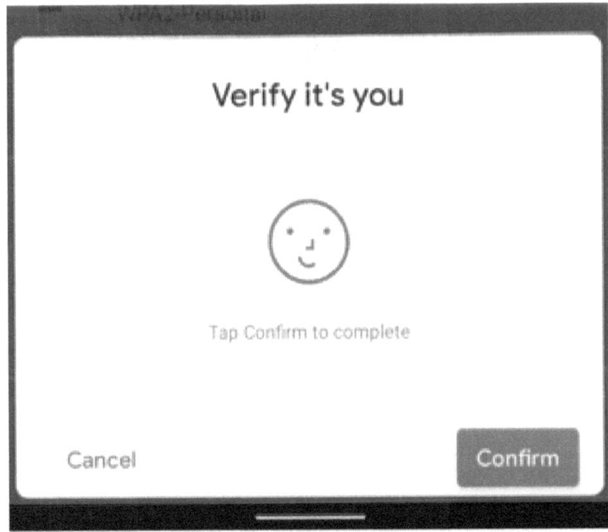

Una volta verificato che si tratta di voi, vedrete il codice da scansionare e dovrete solo mostrarlo al vostro amico.

Schermata

Se vi è mai capitato di avere un problema con il vostro telefono e vi hanno detto: "Fai uno screenshot", in Android si tratta di tenere premuti contemporaneamente il tasto di accensione e il volume giù. In questo modo, qualsiasi cosa si trovi sullo schermo verrà catturata e inserita in una cartella delle foto. Basta fare clic su libreria quando si apre l'album fotografico e si vedrà una cartella chiamata screenshot.

Quando si esegue l'accensione + volume giù, si vedrà apparire un'anteprima nell'angolo in basso a sinistra. Scomparirà dopo pochi secondi, a meno che non si tocchi per modificarla.

Se lo schermo lo consente (non tutti lo consentono, quindi non frustratevi se non vedete questa opzione all'inizio), potete catturare più di quello che c'è sullo schermo; si chiama screenshot a scorrimento. Se disponibile, si vedrà un pulsante che dice Cattura altro. Questo tipo di cattura è ideale per le pagine web lunghe e ricche di testo.

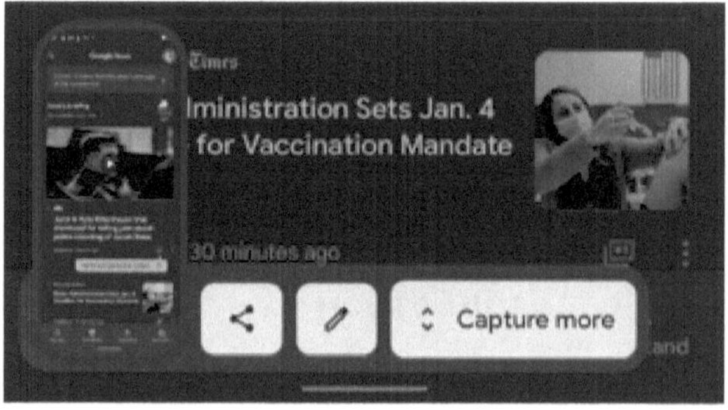

Quando si tocca Cattura altro, viene data la possibilità di trascinare sull'area che si desidera catturare di più. È possibile catturare l'intera pagina o solo una parte di essa.

Registratore Google

Google Recorder è sempre stato un sogno per gli studenti, in quanto trascrive automaticamente ciò che viene registrato. Con il Pixel 7 (anche se la funzione non era disponibile al momento della stesura del presente documento), il registratore migliora permettendo di etichettare chi sta parlando; se, ad esempio, si ha un'intervista con più persone, il registratore rileva chi sta dicendo cosa.

00:06
Hello. This is a test.
English (US)
Audio
Transcript
00:14.9
Delete
Save

[5]
Andiamo a fare surf ora!

Questo capitolo tratta di:

- Impostazione della posta elettronica
- Creazione e invio di e-mail
- Gestione di più conti
- Navigazione in Internet

Quando si parla di Internetci sono due cose da fare:

- Inviare l'e-mail
- Navigare in Internet

Aggiungere un account e-mail Conto

Quando si configura il telefono, lo si collega al proprio account Google, che di solito è la propria e-mail.

Tuttavia, è possibile che si voglia aggiungere un altro account e-mail o rimuovere quello impostato.

Per aggiungere un'e-mail, scorrere verso l'alto per visualizzare le applicazioni e toccare "Impostazioni".."

Quindi, toccare "Account".

Da qui, selezionate "Aggiungi account"; potete anche toccare l'account che è stato impostato e toccare rimuovi account, ma ricordate che potete avere più di un account sul vostro telefono.

Una volta aggiunto il vostro indirizzo e-mail, vi verrà chiesto di quale tipo di e-mail si tratta. Seguite i passaggi successivi alla selezione del tipo di e-mail per aggiungere l'e-mail, la password e gli altri campi obbligatori.

← Add an account   Q   ⑦

Duo

Duo Preview

Exchange

Google

Personal (IMAP)

Personal (POP3)

Creare e inviare un'e-mail

Per inviare un'e-mail utilizzando Gmail (l'applicazione e-mail nativa di Pixel), scorrere verso l'alto per accedere alle applicazioni, toccare "Gmail" e toccare "Componi una nuova e-mail" (la matita rossa nell'angolo in basso a destra)."(la piccola matita rossa rotonda nell'angolo in basso a destra). Al termine, toccare il pulsante di invio.

È inoltre possibile utilizzare il Google Play Store per trovare altre app di posta elettronica (come Outlook).

Gestire più account e-mail Account

Se avete più di un account Gmail, toccate le tre linee in alto a sinistra della vostra schermata di posta elettronica; si aprirà un menu a scorrimento. Se si tocca la piccola freccia accanto all'indirizzo e-mail, questa si abbassa e mostra gli altri account. Se non ce ne sono, è possibile aggiungerne uno.

Navigare in Internet

Il browser Web nativo di Google è Chrome. È possibile utilizzare altri browser (che possono essere trovati nel Google Play Store). In questo libro, tuttavia, si parlerà solo di Chrome.

Per iniziare, toccare l'icona del browser Chrome dalla barra dei preferiti, oppure accedendo a tutti i programmi.

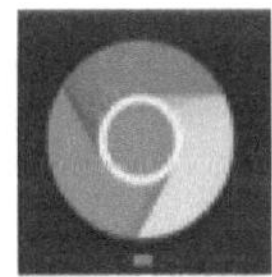

Se avete usato Chrome su un desktop o su qualsiasi altro dispositivo, questo capitolo non sarà esattamente una scienza rivoluzionaria: proprio come per l'app di posta elettronica, molte delle stesse proprietà che si trovano sul desktop esistono anche nella versione mobile.

Quando lo aprite, vedrete che si tratta di un browser piuttosto elementare. Ci sono tre cose principali da notare.

- **Barra degli indirizzi** - Come si può intuire, qui si inserisce l'indirizzo Internet che si vuole raggiungere (google.com, ad esempio). (google.com, per esempio); tuttavia, è bene capire che non si tratta di una semplice barra degli indirizzi. È una barra di ricerca. È possibile utilizzarla per cercare qualcosa proprio come se si cercasse qualcosa su Google; quando si preme il tasto Invio, si accede alla pagina dei risultati della ricerca di Google.

- **Pulsante scheda** - Poiché lo spazio a disposizione è limitato, non vengono visualizzate tutte le schede come in un normale browser, ma viene visualizzato un pulsante che indica quante schede sono aperte. Toccandolo, si può passare da una scheda all'altra o scorrere su una delle pagine per chiuderla.

- **Pulsante Menu** - L'ultimo pulsante consente di visualizzare un menu con una serie di altre opzioni di cui parleremo in seguito.

New tab

New incognito tab

Bookmarks

Recent tabs

History

Downloads

Share...

Find in page

Add to Home screen

Desktop site

Settings

Help & feedback

Il menu è piuttosto semplice, ma ci sono alcune cose che meritano di essere notate.

"Nuova scheda in incognito" apre il telefono alla navigazione privata; ciò non significa che il vostro IP non venga tracciato. Significa che la cronologia non viene registrata; significa anche che le password e i cookie non vengono memorizzati.

Un po' più in basso c'è la voce "Cronologia"; se volete cancellare la vostra cronologia, in modo che sul telefono non rimanga traccia di dove siete andati, andate qui e cancellate la cronologia di navigazione.

History   ⓘ   🔍   ✕

Your Google Account may have other forms of browsing
history at myactivity.google.com.

CLEAR BROWSING DATA...

Se non si desidera cancellare solo i siti web (ad esempio, le password),
è necessario andare su "Impostazioni", in fondo al menu."in fondo al
menu. In questo modo si aprono altre impostazioni avanzate.

1:52
← Settings
Basics
Search engine
Google
Autofill and payments
Passwords
Notifications
Advanced
Privacy
Accessibility
Site settings
Languages
Data Saver
Off
Downloads

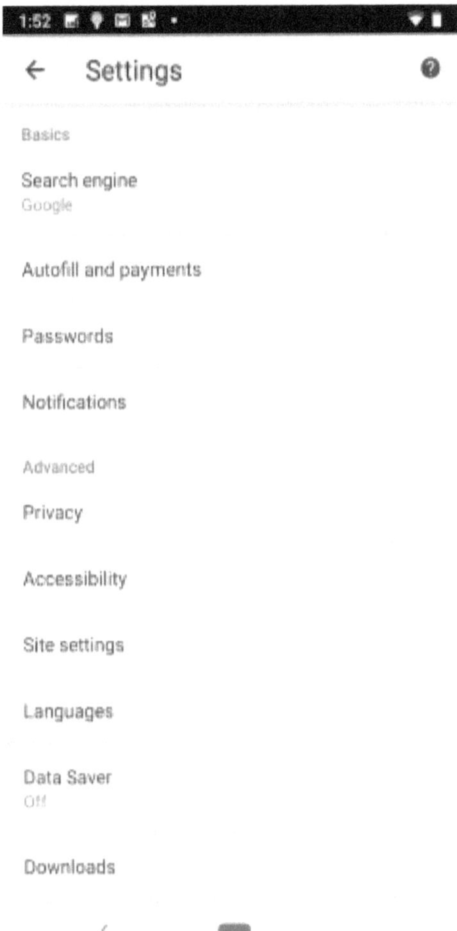

[6]

Scatta!

Questo capitolo tratta di:

- Come scattare foto diverse
- Come riprendere i video
- Fotocamera impostazioni
- Diverse caratteristiche della fotocamera

La fotocamera è il pane quotidiano del telefono Pixel. Molti ritengono che il Pixel sia la migliore fotocamera mai realizzata su un telefono. Lascio a voi la decisione.

Uno degli aspetti positivi delle foto sul Pixel è che vengono archiviate online automaticamente, quindi non ci si deve preoccupare di perderle. È possibile vederle accedendo all'account Google associato al Pixel e andando qui:

https://photos.google.com

La cosa migliore è che tutto questo è gratuito! Non è necessario pagare un extra per avere più spazio di archiviazione e non va a discapito di altre cose presenti in Google Drive.

Per assicurarsi di aver attivato questa funzione, andare su "Impostazioni" e "Backup"."e "Backup"e "sincronizzazione"; assicurarsi di averla attivata.

Ci sono alcune avvertenze (ad esempio, le foto possono essere compresse), quindi leggete le condizioni.

Le basi

Siete pronti a scattare la vostra foto di Ansel Adams? Cominciamo aprendo l'applicazione Fotocamera . È possibile farlo in diversi modi:

- Il più ovvio è toccare la Fotocamera sulla barra dei preferiti o scorrendo verso l'alto e aprendola da tutte le app. Sembra una macchina fotografica... e vai a vedere!

- Premere due volte il pulsante di accensione.

Una volta entrati nell'app, non dimenticate che potete ruotare il telefono per passare da una modalità selfie all'altra.

Quando si apre l'applicazione, si avvia la modalità fotocamera di base. L'interfaccia utente può sembrare piuttosto semplice, ma non lasciatevi ingannare. Ci sono molti controlli.

La prima è quella in alto. Toccate la freccia verso il basso nella parte superiore dello schermo.

Le opzioni sono piuttosto semplici, ma "Top Shot" (che prima si chiamava Motion) potrebbe essere una novità. Si tratta in pratica di un brevissimo video della foto. È possibile attivarlo per tutte le foto, attivarlo automaticamente quando viene rilevato un movimento o disattivarlo. Top Shot è più grande, quindi la memorizzazione in questa modalità richiederà un po' più di spazio. Night Sight è ideale per le foto in condizioni di scarsa illuminazione. La schermata qui sotto rappresenta le impostazioni di base della fotocamera, ma questo menu può variare leggermente a seconda della modalità di ripresa.

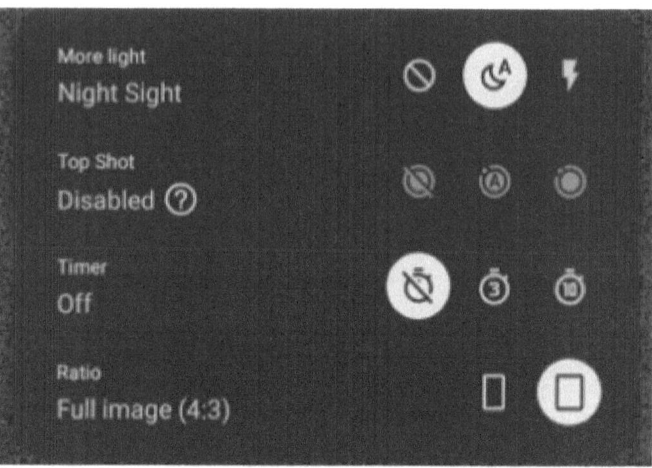

In alto a destra si trova l'icona della cartella, che consente di scegliere dove salvare la foto che si sta scattando.

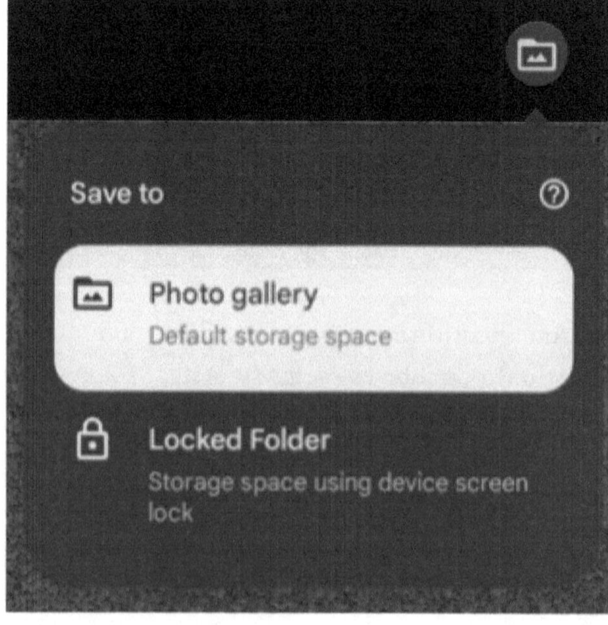

Nella parte inferiore dello schermo si trovano tutte le modalità e l'otturatore. Partendo dalla riga superiore da sinistra, si trovano il pulsante per i selfie, l'otturatore e l'anteprima dell'ultima foto (toccando questo pulsante verranno mostrate tutte le foto scattate, a partire dalla più recente). Nella parte inferiore si trovano le modalità della fotocamera, che verranno descritte in dettaglio più avanti in questo capitolo.

Quando si punta la fotocamera su un prodotto e si tocca e si tiene premuto su di esso, si attiva Google Lens, che cerca di rilevare ciò che si sta puntando e di fornire ulteriori informazioni su di esso. Non è sempre preciso al 100% (ad esempio, ho puntato la fotocamera verso la custodia del Pixel 5 e mi ha mostrato informazioni sul Pixel 3), ma è comunque una funzione interessante.

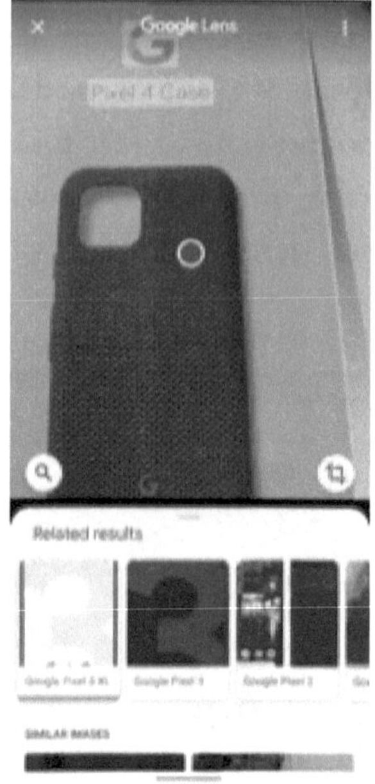

Se si tocca una volta, ma non si tiene premuto, vengono visualizzate le opzioni di esposizione e zoom (si può anche pizzicare dentro e fuori per zoomare). Toccando l'area dello schermo che si desidera mettere a fuoco, si ottiene anche la messa a fuoco di quell'area; ad esempio, se si punta la fotocamera su un gruppo di persone di fronte a una folla di persone, si può toccare il gruppo per dire alla fotocamera che è quello il focus dello spettacolo.

Toccando il centro dello schermo mentre ci si prepara a scattare una foto, è possibile utilizzare i cursori per controllare la luminosità, il contrasto o il calore della foto.

Un'ultima cosa da sottolineare a proposito dello scatto di foto. Ricordate che nella barra superiore (quando si passa il dito verso il basso) c'è un'opzione per disattivare la fotocamera o il microfono? In un certo senso sono necessari per scattare foto e video, giusto? Se provate a farlo quando sono attivi, riceverete il messaggio qui sotto. Toccare il pulsante di sblocco per abilitare le funzioni.

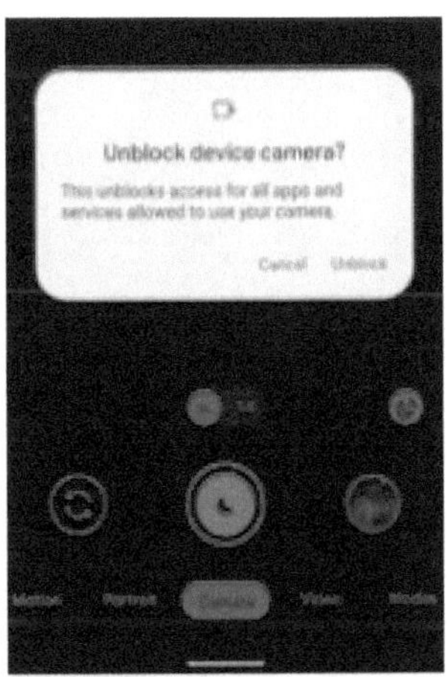

Ciao amico (foto)

Ci sono persone che fotografate più di altre? Un bambino? Un partner? Un amico? Un animale domestico? L'intelligenza artificiale di Google è in grado di dare priorità alle persone che fotografate di più. Per attivarla, accedere all'app Fotocamera, aprire le impostazioni e attivare Volti frequenti.

Fotocamera Modalità

Esaminiamo ora ciascuna modalità.

Pensate alle modalità come a diversi obiettivi. Avete l'obiettivo di base della fotocamera, ma potete anche avere un obiettivo per il fisheye e per i primi piani. Se si guarda alla parte inferiore dell'app fotocamera, si può scorrere a sinistra e a destra per accedere alle diverse modalità. Nel 2019 Google ha aggiunto la modalità Night Sight, che consente di scattare foto migliori di notte. Funziona come la modalità Fotocamera di base. di base. Inoltre, si attiva automaticamente quando rileva che si sta scattando di notte.

Accanto a Night Sight c'è la modalità Ritratto. La modalità Ritratto conferisce alle foto un aspetto professionale e nitido. Sfuma lo sfondo per dare risalto alle foto. Vi mostrerò un esempio con una mia foto, scusandomi in anticipo per il mio aspetto!

Eccomi qui con zero sfocature:

Ed eccomi qui con la massima sfocatura:

Come si fa? Innanzitutto, passate alla modalità Ritratto. Il telefono cercherà di capire dove sarà il punto focale, ma si otterrà l'effetto migliore se si tocca sullo schermo il punto focale. Se si tocca il viso, ad esempio, si dirà al telefono che si vuole sfocare tutto il resto. La modifica non sarà evidente e potrà essere modificata in seguito.

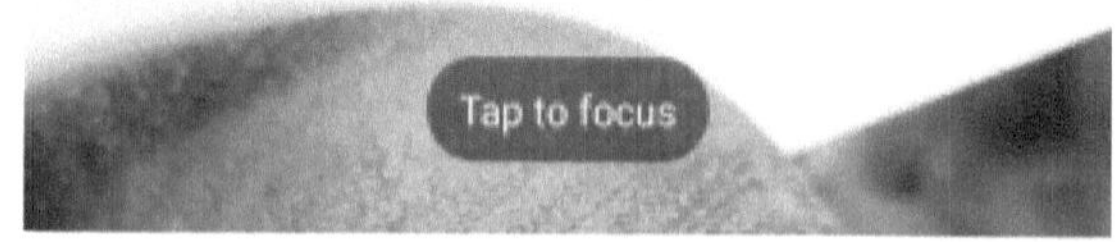

Vi mostrerò come modificare la sfocatura poco più avanti in questa sezione.

La modalità video La modalità video riprende, come avete indovinato, i video! Una volta toccata la funzione di registrazione, non ci sono molte impostazioni come per la fotocamera. A sinistra c'è il pulsante di pausa, al centro il pulsante di arresto e all'estrema destra l'otturatore della fotocamera: ciò significa che mentre si registra è possibile scattare foto.

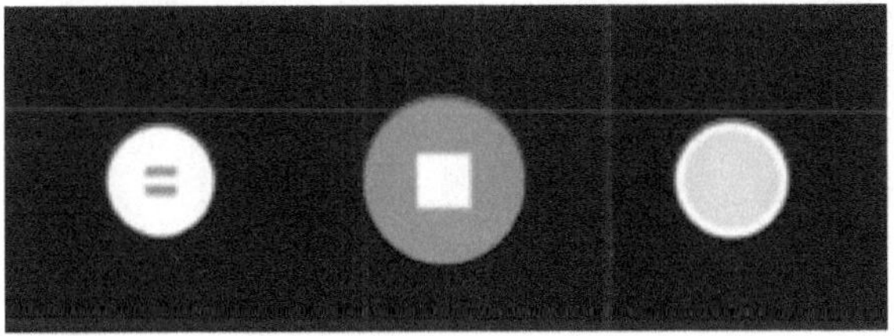

Quando si tocca per mettere a fuoco un soggetto, si noterà che c'è solo un cursore per lo zoom (in basso) e la luminosità (a destra); c'è anche un blocco per bloccare la messa a fuoco.

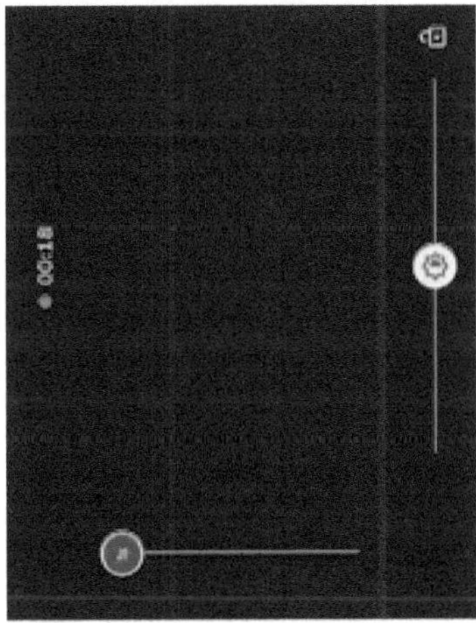

C'è anche una modalità video cinematografica che riprende i video con l'effetto sfocato: solo la persona principale della scena è a fuoco.

Prima di girare un video, c'è anche un'opzione per scegliere tra Slow Motion, Normal e Time Lapse; se si arriva al Pixel 5 da un modello precedente, probabilmente si è abituati a usare queste modalità in un altro posto; prima si trovavano sotto "Altro". Google ha deciso di eliminare questo passaggio in più e di mettere tutte le modalità video in un unico posto.

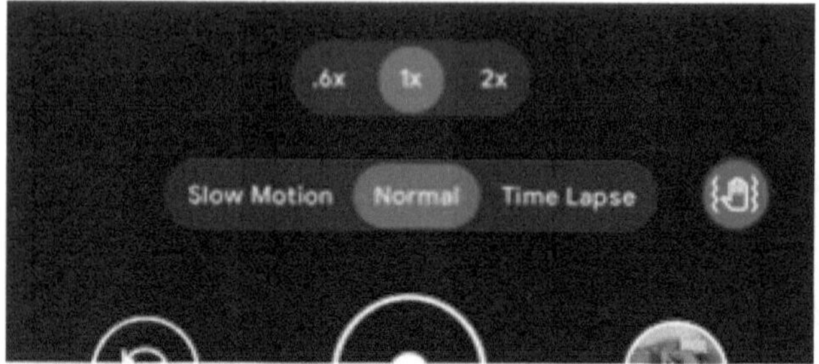

A proposito di quest'area "Altro", tocchiamo quella successiva per vedere le altre modalità disponibili. Ce ne sono altre tre: Panorama, Sfera fotografica e Obiettivo. Le modalità possono scattare buone foto, ma sono più divertenti.

Panorama è ottimo per le foto di paesaggi. La foto qui sotto ne è un esempio (nota: non è stata scattata con il Pixel):

Il modo in cui funziona sul Pixel è che si scatta una foto, poi ci si sposta un po' a destra e se ne scatta un'altra, e così via; poi tutte queste foto vengono unite per creare una foto gigante. Basta premere il pulsante freccia per ogni foto e il pulsante blu per terminare (o il pulsante X per annullare).

Photo Sphere è una sorta di foto panoramica: si tratta di diverse foto unite insieme. Ma mentre un panorama è dritto, Photo Sphere è a 360 gradi; è divertente per il telefono o per la condivisione online (come Facebook). Per utilizzarla, toccare l'otturatore quando si è in modalità Photo Sphere, quindi muovere la fotocamera verso l'alto e verso il basso, a destra e a sinistra.

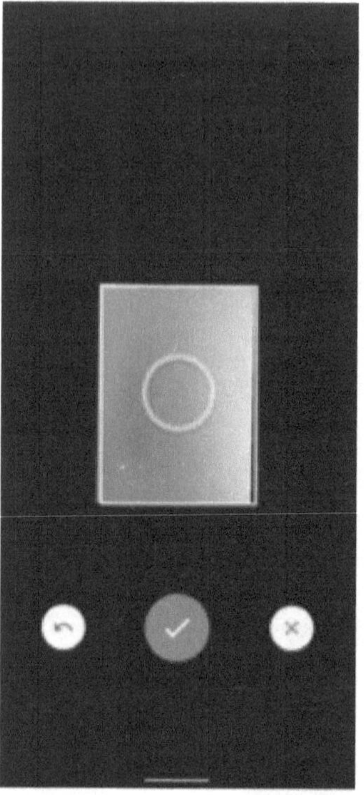

Prima di scattare la foto, è anche possibile toccare la freccia verso il basso nella parte superiore dello schermo e modificare la forma.

Quando si visualizza la foto, è possibile utilizzare il dito per spostarne la direzione, oppure toccare la modalità VR nell'angolo in basso a destra e utilizzare le cuffie VR. nell'angolo in basso a destra e utilizzare le cuffie VR.

L'ultima modalità è Obiettivo. Ho già detto che è possibile attivarla nella modalità normale della fotocamera, ma ci sono più funzioni nella modalità nativa Lens.

È possibile utilizzare la modalità automatica, ma all'interno di questa modalità sono disponibili modalità per tradurre, scansionare un documento, cercare prodotti di consumo o identificare alimenti. Per impostazione predefinita, è attiva la modalità automatica (quella centrale), ma toccando le altre icone si cambia modalità e si ottengono risultati più precisi.

La maggior parte delle modalità ha impostazioni uniche. Traduci, ad esempio, consente di rilevare automaticamente la lingua che si sta scansionando o di cambiarla in un'altra.

In base alla scansione, vengono fornite informazioni sul prodotto e si può fare clic per ottenere ulteriori informazioni.

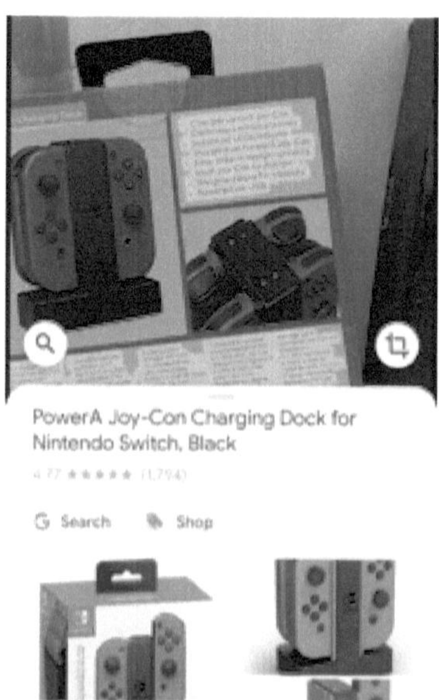

Modifica delle foto

Una volta scattata una foto, è possibile iniziare a perfezionarla per farla brillare. Per accedere alla modifica è sufficiente aprire la foto che si desidera modificare. Per farlo, basta aprirla dall'app della fotocamera e fare clic sull'anteprima della foto (accanto all'otturatore);

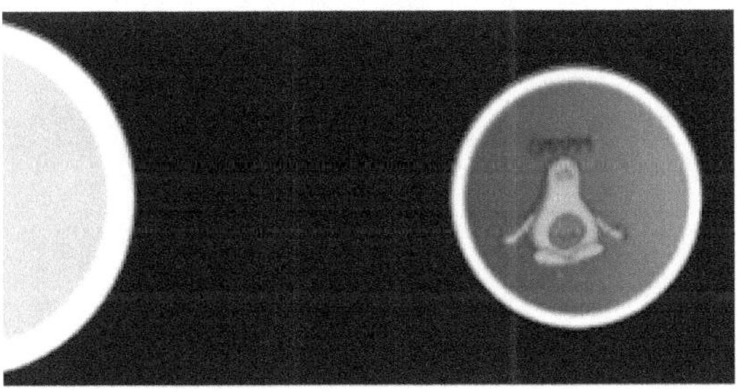

Oppure aprendo l'applicazione Foto.

Quando si apre una foto, vengono visualizzate quattro o cinque serie di opzioni, a seconda del tipo di foto. Le foto di ritratto hanno più opzioni di modifica. Come si fa a sapere che tipo di foto è? Lo dice la miniatura. Se c'è un timestamp, è un video; se non c'è nulla, è una foto normale; se c'è un ritratto, è una foto Ritratto; se c'è la luna, è stata scattata in modalità Notte.

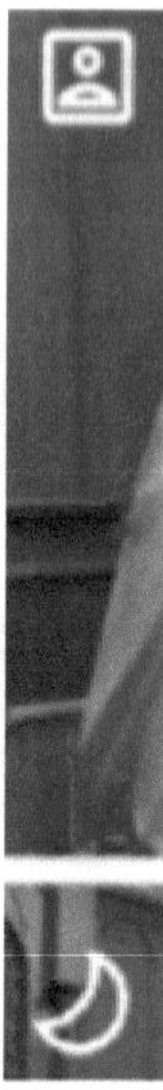

Di seguito sono riportate le quattro opzioni disponibili per tutte le immagini.

Queste cinque opzioni sono disponibili solo per le foto Ritratto. Le stesse opzioni, ma una nuova opzione in più. L'opzione centrale è nuova.

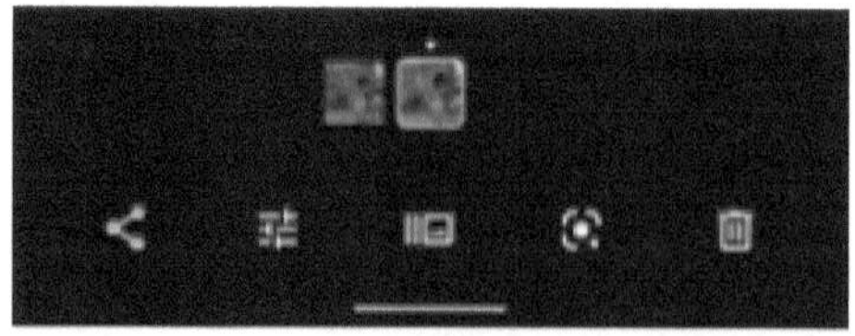

Da sinistra a destra, i cinque pulsanti hanno questo significato:

- Condividi la foto
- Modifica della foto
- Conservate una sola foto (Google scatta diverse foto e vi mostrerà la migliore).
- Accendere l'obiettivo
- Eliminare la foto

L'opzione desiderata è la seconda: modifica della foto.

Toccando questo punto si aprono diverse opzioni potenti. La prima è quella dei suggerimenti. Consente di regolare automaticamente la foto in base alle raccomandazioni dell'intelligenza artificiale del telefono. Migliorare è l'opzione più generale.

Nella parte inferiore del telefono è presente un cursore che consente di visualizzare tutte le altre opzioni di modifica.

Il primo accanto a Suggestions è Crop. Non lasciatevi ingannare dal nome. Sì, è possibile eseguire il tradizionale "ritaglio" in cui si eliminano alcuni bordi della foto, ma qui è anche possibile ruotare la foto o cambiarne la direzione.

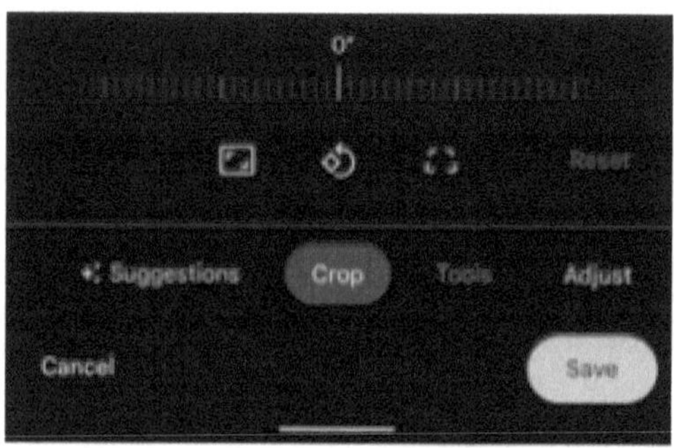

Gli strumenti hanno una delle caratteristiche più nuove ed entusiasmanti: Magic Erase. Volete cancellare il photobomber dall'immagine? Fatto! Il vecchio amore del liceo che vi ha spezzato il cuore? Sparito!

Prima di parlare di questo strumento di cancellazione magica, vorrei ricordare che se state modificando una foto di ritratto, vedrete ancora più opzioni (vedi immagine sotto).

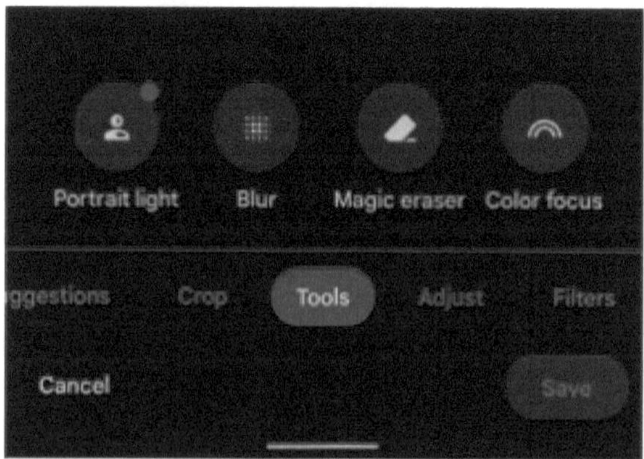

Qui è possibile modificare la messa a fuoco dell'immagine (in modo da sfocare qualcos'altro), regolare l'illuminazione o ridurre la quantità di sfocatura.

Ma torniamo alla caratteristica principale: la cancellazione magica. Come funziona? Diamo un'occhiata. L'immagine qui sotto è fantastica, vero?! Ma non mi piace la statua sulla sinistra.

Per rimuoverla, vado in Modifica > Strumenti, seleziono Gomma magica.

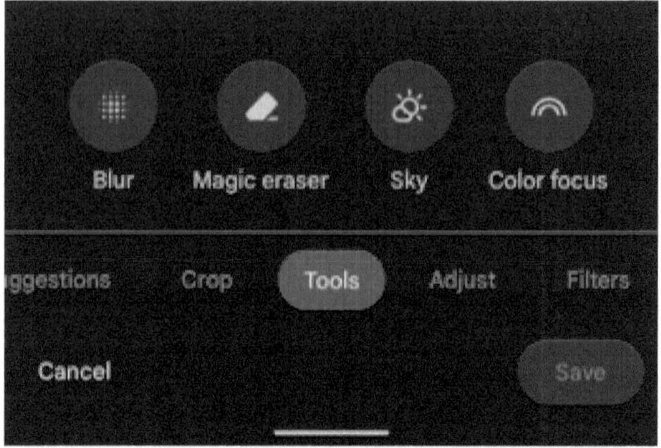

Da qui, basta strofinare il dito sull'area che si desidera cancellare.

Quando ho finito, alzo il dito. Pof. È sparita!

Piuttosto bello, vero? Assicuratevi di toccare Fatto e salvate.

Se per caso non vedete questa funzione, probabilmente dovete aggiornare il vostro telefono. Inoltre, ricordate che questa funzione è attualmente disponibile solo sul Pixel.

Accanto a Strumenti si trova il pulsante Regola. Qui è possibile regolare manualmente elementi come la luminosità. Anche i suggerimenti lo fanno, ma in modo automatico.

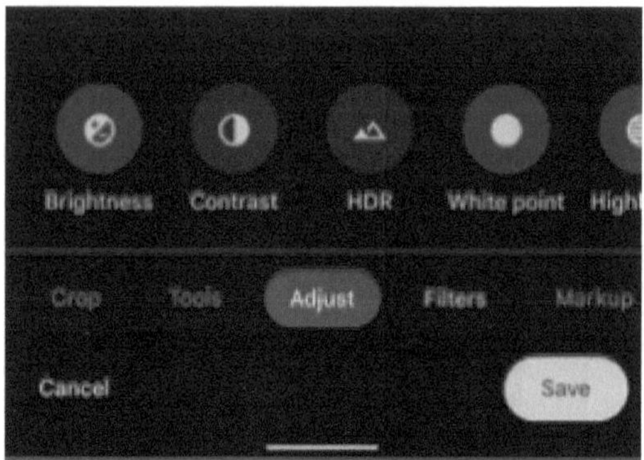

Facendo clic su una qualsiasi delle impostazioni, viene visualizzato un nuovo indicatore; spostarlo a sinistra o a destra per regolare l'intensità.

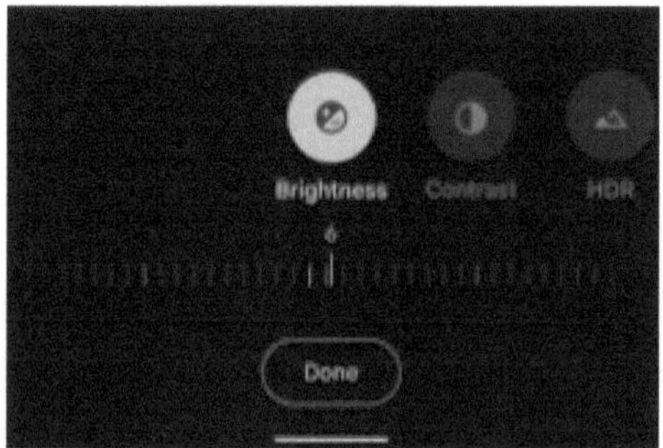

L'impostazione successiva è Filtri, che applica automaticamente un filtro alla foto. Quindi, se si desidera che la foto abbia un aspetto vivace, cioè pieno di colori brillanti, toccare il filtro Vivido.

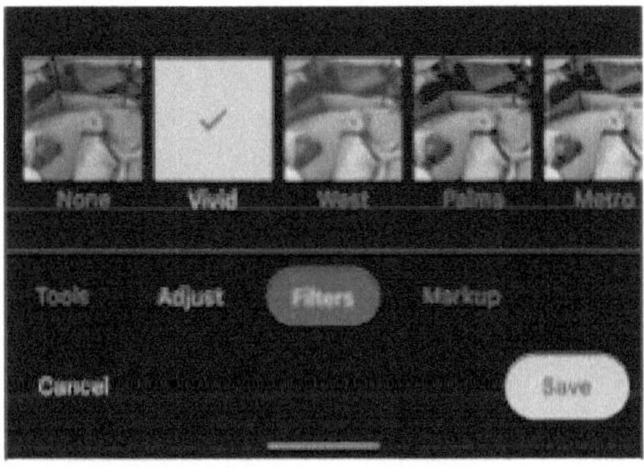

L'ultima impostazione è Markup. Questa impostazione viene utilizzata per scrivere testo o evidenziare elementi nella foto. Ad esempio, se si vuole cerchiare qualcosa nella foto che si vuole far notare a qualcuno.

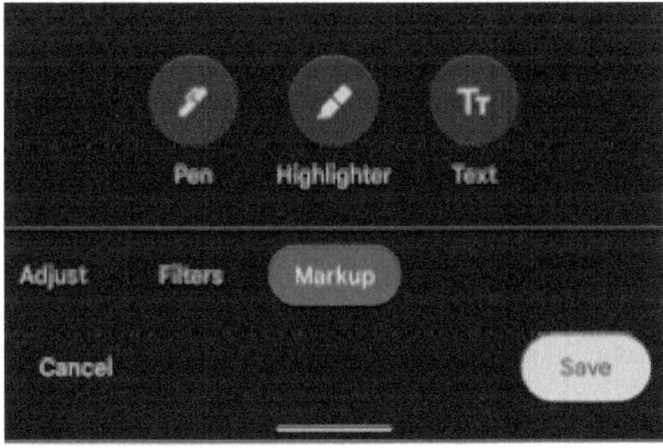

Foto sfocate

L'intelligenza artificiale di Google aiuta davvero a far risplendere le foto. La funzione di sfocatura mostra tutto il potenziale di questo motore AI: può prendere foto precedentemente sfocate e renderle più nitide.

Si trova sotto la voce Strumenti e dice Sfumatura. Toccatelo una volta e il programma eseguirà automaticamente la regolazione che ritiene appropriata per la foto.

Una volta effettuata la regolazione, si vedrà un cursore che consente di effettuare ulteriori regolazioni: 100 è il massimo che si può raggiungere; se si scende nei valori, la foto diventerà più sfocata.

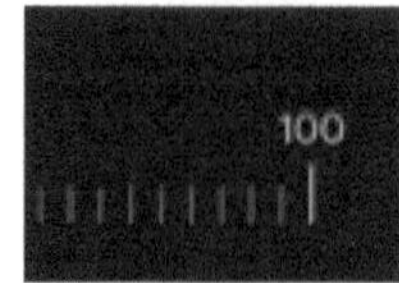

Organizzare le foto

L'aspetto positivo delle foto scattate con il cellulare è che si ha sempre una fotocamera pronta a immortalare eventi memorabili;

l'aspetto negativo delle foto scattate con il cellulare è che si ha sempre una fotocamera pronta a immortalare eventi, e ci si ritrova con centinaia e centinaia di foto molto rapidamente.

Fortunatamente, Google rende molto semplice l'organizzazione delle foto in modo da poter trovare ciò che si sta cercando.

Apriamo l'app Foto e vediamo come organizzare le cose.

Pixel mantiene le cose piuttosto semplici, avendo solo quattro opzioni nella parte inferiore dello schermo.

Nell'angolo in alto a destra ci sono tre puntini, che rappresentano il menu delle opzioni fotografiche; questo menu è presente in qualsiasi punto dell'app Foto.

Toccando il menu, si apriranno altre opzioni.

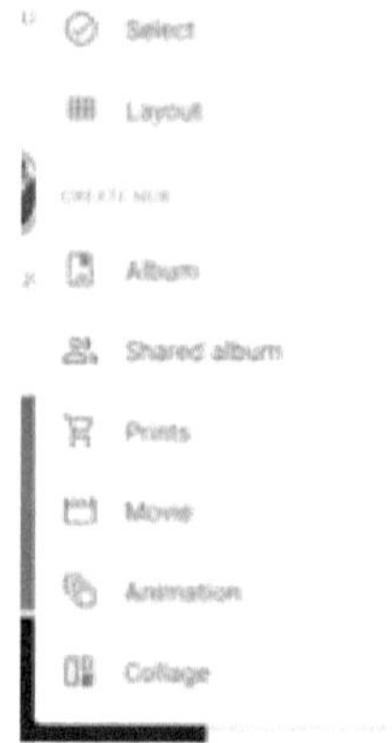

Le opzioni sono le seguenti:

- Seleziona - Consente di selezionare le foto sullo schermo per poterle condividere, inviare via e-mail, stampare e altro ancora.
- Layout - Esistono due modalità di layout: Visualizzazione comoda (questa visualizzazione crea una griglia con miniature di foto piccole e grandi) e Visualizzazione mese (tutte le miniature hanno la stessa dimensione.

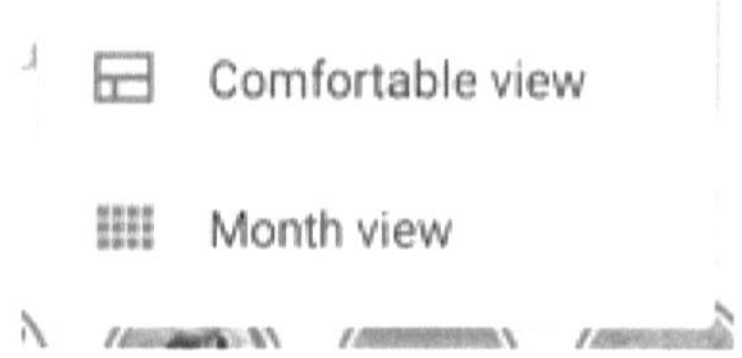

- Album - Consente di creare un album selezionando foto o volti.

- Album condiviso - Consente di condividere gli album.
- Stampe - Crea rapidamente album fotografici da stampare e inviare a casa.

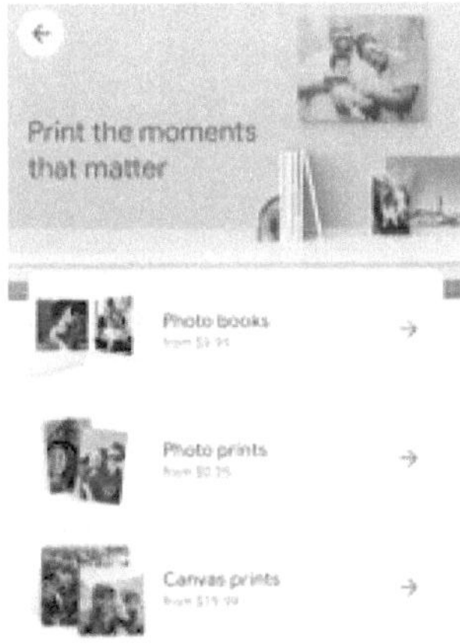

- Filmati - I filmati consentono di creare ricordi video delle foto. È possibile selezionare "Nuovo filmato" e creare un filmato basato sulle foto selezionate o scegliere uno dei numerosi modelli. La generazione dei filmati può richiedere alcuni minuti quando si sceglie questa opzione.

- Animazione - L'animazione è un po' come una gif; mentre i film possono durare diversi minuti, le animazioni durano solo pochi secondi.
- Collage - Collage consente di scegliere fino a nove foto da combinare in un collage. Se ne scegliete di meno, Google le organizzerà automaticamente per voi. Di seguito è riportato un esempio di tre foto in un collage. Non ci sono molte possibilità di personalizzazione, quindi se si desidera un collage, si consiglia di scaricare un'applicazione gratuita per collage con qualche strumento in più.

Nell'angolo in alto a sinistra si trovano tre linee; si apre così la seconda schermata di opzioni di menu.

Alcune delle opzioni (come l'acquisto di stampe) sono le stesse già viste nell'altro menu.

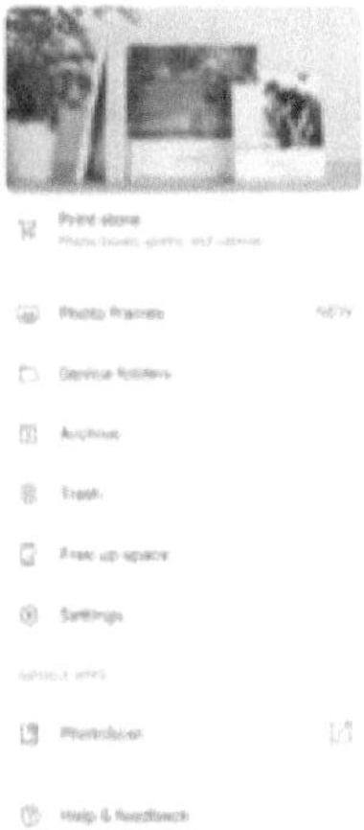

Cornici per foto è un'opzione disponibile se si possiede un Google Nest Hub (o Google Hub). Questa opzione consente di scegliere le foto da visualizzare sull'Hub.

Le cartelle del dispositivo sono il luogo in cui è possibile trovare le schermate se sono state scattate. È possibile effettuare uno screenshot premendo contemporaneamente il tasto arancione e il tasto del volume giù.

L'archivio è un aiuto per riordinare il telefono. È possibile archiviare le foto in modo che l'area principale contenga meno foto; l'archiviazione le colloca qui, ma saranno comunque ricercabili.

Se si elimina una foto, in realtà non viene eliminata definitivamente dal dispositivo... ancora. Viene spostata qui. Questo è utile se avete un bambino a cui piace cancellare le cose! Se si tocca una foto, è possibile ripristinarla o eliminarla: eliminarla significa che è sparita per sempre.

"Libera spazio" rimuove le foto dal dispositivo e ne esegue il backup sul proprio account Google. È comunque possibile visualizzarle quando si vuole.

Impostazioni saranno trattate nelle prossime sezioni.

Infine, PhotoScan è un'applicazione gratuita che deve essere scaricata per essere utilizzata; l'applicazione consente di utilizzare la fotocamera del Pixel per scansionare vecchie foto stampate. Funziona sorprendentemente bene ed è consigliata se si hanno molte foto da salvare.

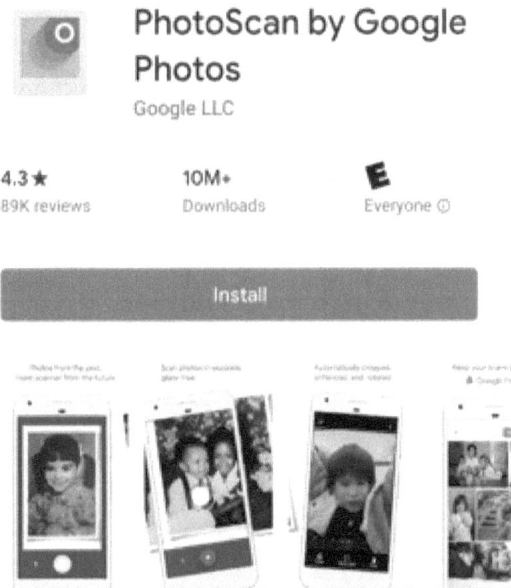

La scheda successiva nella parte inferiore dell'app Foto (Album) è il punto in cui è possibile iniziare a raggruppare le foto. Esistono già album come Luoghi e Cose; se avete messo delle stelle, ne vedrete uno anche per i Preferiti.

Quello che forse non sapete è che Google sta lavorando silenziosamente in background per capire chi è nelle foto. Una volta scattate diverse foto, ne vedrete una chiamata Persone e animali domestici.

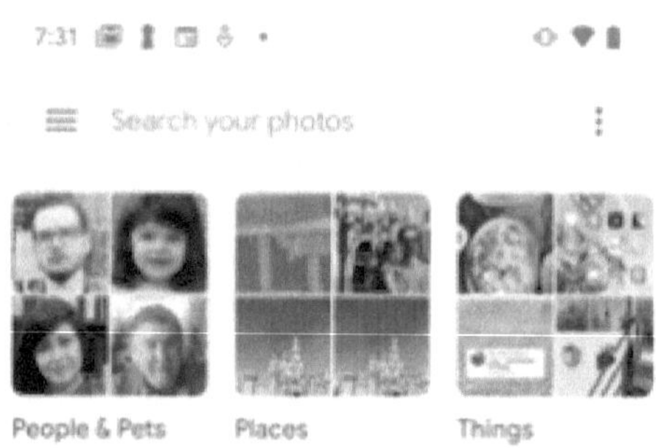

Quando la aprite, vedrete persone che probabilmente riconoscete e, quando fate clic su di esse, vi mostrerà altre foto in cui sono presenti. Piuttosto interessante, no? La cosa più bella è che potete dare un nome a queste persone, in modo da poterle cercare più facilmente. Basta fare clic sul volto, quindi toccare "Aggiungi un nome". Nell'esempio qui sotto, Google ha trovato il volto del mio cane.

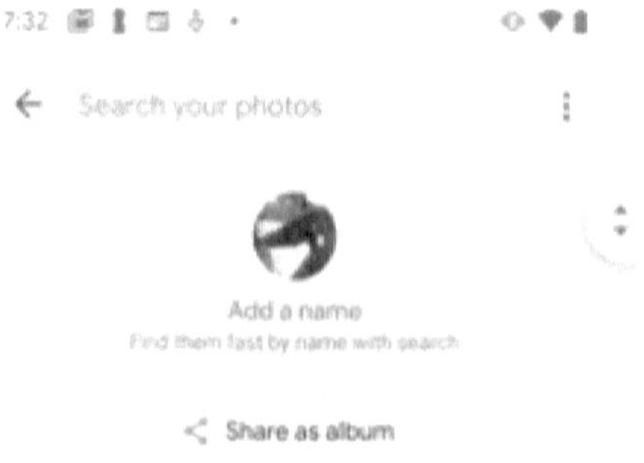

Ho aggiunto il suo nome, così quando torno indietro vedo la sua foto con il suo nome. Ora posso cercare le foto usando il suo nome. È anche possibile cercare le foto usando i nomi di luoghi, cibi o cose. La ricerca delle foto è molto intelligente e lo diventa ancora di più quando si scattano più foto.

Quando si desidera creare un nuovo album, è sufficiente fare clic sui tre puntini nell'angolo in alto a destra.

Vi chiederà di dargli un nome; potete scegliere quello che volete. Da qui, è possibile selezionare automaticamente le foto basate su persone e animali domestici, oppure selezionare le proprie foto.

Se si selezionano le foto da soli, è sufficiente toccare manualmente tutte quelle che si desidera inserire nell'album.

Se si sceglie la creazione automatica, è sufficiente scegliere il nome che si desidera utilizzare (ad esempio, il nome di una persona).

Una volta creato l'album, è possibile toccare i tre punti nell'angolo superiore destro per aggiungere altre foto, ordinare le foto, eliminare l'album o condividerlo.

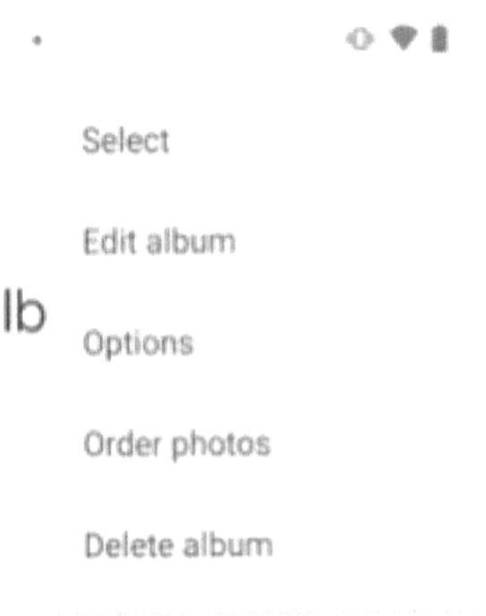

È anche possibile fare clic sul pulsante Condividi dell'album (o di qualsiasi foto), che richiama il menu Condivisione. È possibile condividere con un link, via e-mail, Bluetooth, messaggio di testo e altro ancora.

L'opzione Assistente è costituita dai consigli del bot AI di Google, che raccoglie i ricordi basati sui luoghi in cui si è stati e raggruppa quelli che considera gli scatti migliori.

L'ultima opzione del menu inferiore è Condivisione. La condivisione consente di selezionare altre persone che possono vedere le foto. È possibile, ad esempio, condividere tutte le foto di una certa persona con quella persona e impostare la condivisione di nuove foto di quella persona ogni volta che le si scatta.

Per iniziare, basta toccare il pulsante "Aggiungi account partner".

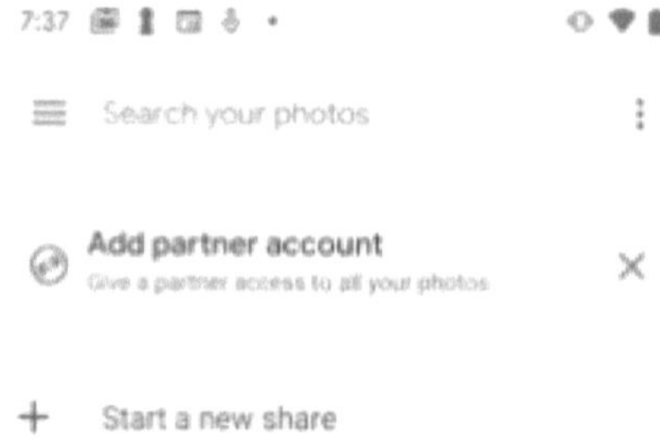

Successivamente apparirà una schermata che spiega cos'è la condivisione. Toccare l'opzione blu "Inizia".

Da qui si cercherà il nome o l'e-mail della persona; Google potrebbe anche avere alcuni contatti suggeriti per voi, e potrete semplicemente toccare il loro nome.

Una volta scelta la persona, vi chiederà cosa volete condividere. È possibile condividere ogni singola foto, ora e in futuro, oppure scegliere determinate persone o giorni.

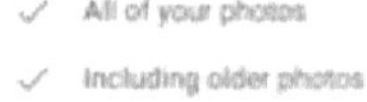

Una volta toccato "Invia invito", l'invito viene inviato via e-mail alla persona interessata, che deve accettarlo prima di vedere le foto.

Impostazioni

Probabilmente non si passerà molto tempo nelle impostazioni di Foto, ma è comunque utile conoscerle per quelle occasioni in cui si desidera apportare modifiche.

È possibile accedere alle impostazioni aprendo l'app Foto, toccando le tre linee nell'angolo in alto a sinistra e poi toccando Impostazioni..

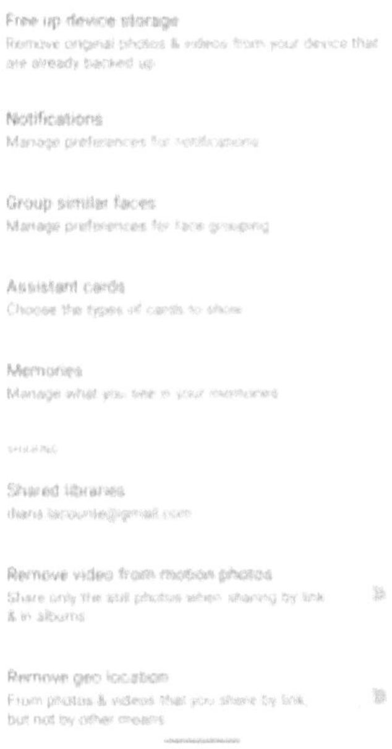

Le impostazioni sono suddivise in tre aree: Principale, Condivisione e Applicazioni Google.

Impostazioni principali

- Backup e sincronizzazione - Consente di scegliere come eseguire il backup delle foto (a quale account e-mail sono collegate, la risoluzione delle foto, quando eseguire il backup, dove eseguirlo e altro ancora).

- Libera la memoria del dispositivo - Rimuove le foto dal

dispositivo e le archivia nel proprio account, in modo da avere più spazio per altre foto.

- Notifiche - Consente di scegliere i tipi di notifiche a comparsa che si riceveranno riguardo alle foto (condivisione suggerita, promozioni di stampa, bozze di fotolibri, fotolibri suggeriti).

- Raggruppa volti simili - Attiva e disattiva il raggruppamento dei volti; se non volete che un robot scansioni le vostre foto per capire chi è la persona nello scatto, potete disattivarlo qui.

- Schede Assistente - Sceglie le schede che appaiono nel menu Assistente dell'app Foto (Creazioni, Riscopri questo giorno, Momenti salienti recenti, Rotazioni suggerite, Archivio suggerito).

- Ricordi - I ricordi di solito sono divertenti; vedere Google che vi mostra una foto di vostro figlio da piccolo può farvi sorridere all'inizio della giornata. Ma a volte i ricordi possono fare schifo: un divorzio difficile o la morte di una persona cara, e Google è lì per ricordarvi il suo volto. È possibile eliminare queste persone dai propri ricordi. Non li elimina dal vostro account, ma non li vedrete più comparire nel vostro feed.

Impostazioni di condivisione

- Librerie condivise: consente di vedere chi può visualizzare le foto.

- Rimuovere il video dalle foto in movimento - Le foto in movimento sono belle, ma anche grandi. Se si preferisce mostrare solo la foto e non il video che l'accompagna, è possibile disattivarlo qui.

- Rimuovere la geo localizzazione - Le vostre foto contengono tag geo (a meno che non li abbiate disattivati); ciò significa che quando condividete una foto, questa potrebbe contenere elementi come il vostro indirizzo di casa. Se non volete che gli altri lo vedano, potete disattivare la geo localizzazione con le persone con cui la condividete.

Applicazioni Google

- Impostazioni di posizione di Google Impostazioni - Consente di scegliere quali app possono vedere le foto.
- Google Lens - Non si tratta di un'impostazione, ma di istruzioni su come utilizzare l'applicazione.

[7]

Andare oltre

Questo capitolo tratta di:

- Impostazioni del sistema

Se volete avere il controllo totale del vostro Pixel, dovete sapere dove si trovano le impostazioni di sistema e cosa si può o non si può modificare.

Prima la parte più semplice: le impostazioni di sistema si trovano insieme alle altre app. Passare il dito verso l'alto e scorrere fino a "Impostazioni".."

Ci sono molte impostazioni. Di seguito sono riportate quelle disponibili:

- Rete e Internet
- Dispositivi connessi
- Applicazioni

- Notifica
- Batteria
- Immagazzinamento
- Suono e vibrazioni
- Display
- Carta da parati e stile
- Accessibilità
- La privacy
- Posizione
- Sicurezza ed emergenza
- Sicurezza
- Password e account
- Benessere digitale e controllo parentale
- Google
- Sistema
- Informazioni sul telefono
- Suggerimenti e supporto

In questo capitolo illustrerò le funzioni di ciascuna impostazione.

Rete e Internet

Questa impostazione, come la maggior parte delle impostazioni, fa esattamente quello che sembra: si connette a Internet. Se è necessario connettersi a una nuova connessione wireless (o disconnettersi da una), è possibile farlo qui. Toccando il wireless corrente si possono vedere le altre reti e la levetta consente di attivarlo o disattivarlo.

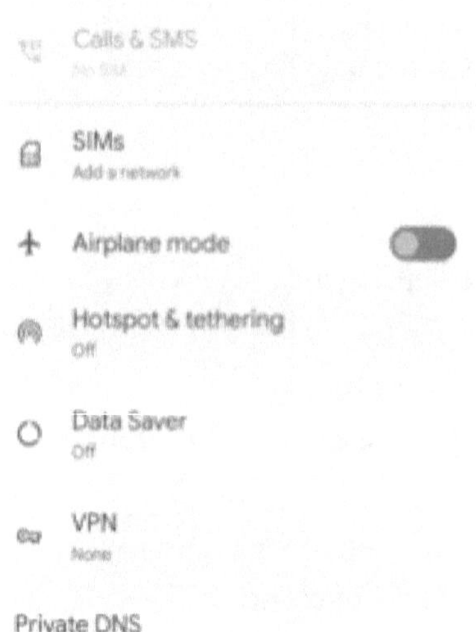

Rete mobile indica il vostro operatore (Verizon, AT&T, Sprint, ecc.).

L'utilizzo dei dati indica la quantità di dati utilizzata; toccandola si ottiene una panoramica più approfondita, in modo da poter vedere esattamente quali app hanno utilizzato i dati. Perché è importante? Per molti probabilmente non lo sarà. Vi faccio un esempio di quando mi è stato utile: Lavoro spesso in movimento; uso il wireless del mio telefono per connettere il mio portatile (il cosiddetto tethering); il mio MacBook era impostato per eseguire il backup sul cloud e non sapevo che lo stava facendo mentre si connetteva al mio telefono... 20 GB dopo, sono stato in grado di individuare cosa è successo guardando i dati.

Di seguito si trovano Hotspot e tethering. Si tratta di utilizzare i dati del telefono per connettere altri dispositivi; ad esempio, è possibile utilizzare il piano dati del telefono per navigare in Internet con l'iPad. sull'iPad. Alcuni operatori fanno pagare un supplemento per questo, il mio (AT&T) lo include nel piano. Per utilizzarla, toccare l'impostazione e attivarla, quindi assegnare un nome alla rete e una password. Dall'altro dispositivo, si trova la rete impostata e ci si connette.

La modalità aereo è la successiva. Questa impostazione disattiva tutte le attività wireless con un interruttore. Quindi, se state volando e vi dicono di spegnere tutto il wireless, potete farlo con un interruttore.

Infine, Advanced serve per effettuare connessioni wireless su una rete privata. Non è una cosa che un utente alle prime armi dovrebbe fare e non la tratterò, perché lo scopo di questo libro è di mantenere una semplicità ridicola.

Dispositivi connessi

"Dispositivi connessi" è il modo in cui Google indica il Bluetooth.. Se si dispone di un dispositivo che si connette tramite Bluetooth (ad esempio un'autoradio o delle cuffie), toccare "Associa nuovo dispositivo". Se avete già accoppiato qualcosa in precedenza, questo apparirà in basso e potrete semplicemente toccarlo per riconnettervi.

Connected devices

\+   Pair new device

Previously connected devices

\>   See all

Connection preferences
Bluetooth, Android Auto, driving mode, NFC

Applicazioni

Ogni app scaricata ha impostazioni e autorizzazioni diverse. Un'app di mappe, ad esempio, ha bisogno dell'autorizzazione dell'utente per conoscere la sua posizione. È possibile attivare e disattivare queste autorizzazioni qui. È davvero importante? I produttori di app non possono abusarne, giusto? Più o meno. Ecco un esempio: qualche mese fa, una popolare app di ride-sharing ha fatto notizia perché voleva sapere dove si trovavano i passeggeri dopo che avevano lasciato la corsa, in modo da poter promuovere diversi ristoranti e negozi e guadagnare ancora di più. Molti hanno ritenuto che si trattasse di un'ingordigia e di un'invasione della privacy; se siete di quest'ultima opinione, potete entrare qui e smettere di condividere la vostra posizione.

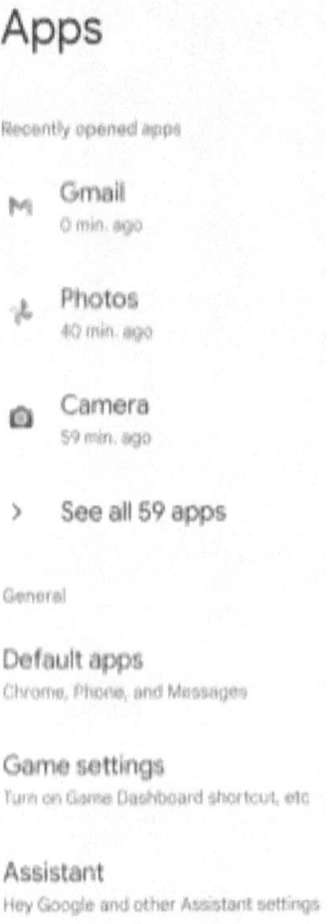

Questa impostazione può essere utilizzata anche per attivare le scorciatoie di gioco.

Notifiche

Volete vedere le notifiche che avete accidentalmente eliminato? È possibile farlo nelle impostazioni delle notifiche. È anche possibile decidere la priorità delle persone quando si ricevono le notifiche. Le bolle permettono alle conversazioni di apparire come icone fluttuanti; è possibile attivarle o disattivarle qui.

Notifications

Manage

App settings
Control notifications from individual apps

Notification history
Show recent and snoozed notifications

Conversation

Conversations
No priority conversations

Bubbles
On / Conversations can appear as floating icons

Privacy

Device & app notifications
Control which apps and devices can read notifications

Notifications on lock screen
Show conversations, default, and silent

Batteria

L'impostazione della batteria riguarda più l'analisi che le impostazioni modificabili. Ci sono alcune impostazioni che si possono modificare: ad esempio, si può mettere il telefono in modalità risparmio batteria. Questa impostazione è più utile se la batteria si sta scaricando troppo rapidamente; aiuta a risolvere i problemi che si verificano in modo da ottenere una maggiore durata del telefono.

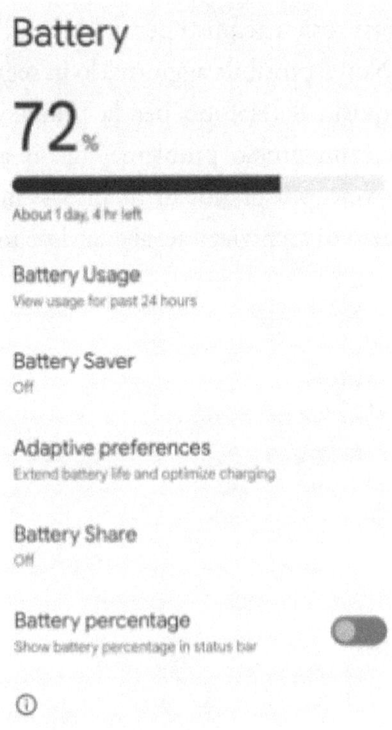

Una batteria più intelligente

L'intelligenza artificiale di Google può prolungare la durata della batteria. Per impostazione predefinita, il Pixel passa automaticamente alla modalità Battery Saver quando si raggiunge il 10% di batteria residua. È un'ottima cosa. Ma è anche possibile impostarla in base alle proprie abitudini. In questo modo l'intelligenza artificiale di Google prevede le vostre abitudini quotidiane e regola la batteria di conseguenza.

Per utilizzare questa modalità, accedere all'applicazione Impostazioni di sistema, quindi toccare Batteria e Risparmio batteria. Quindi toccare Imposta una pianificazione. Toccare l'opzione "In base alla propria routine".

Immagazzinamento

Il Pixel non ha spazio di archiviazione espandibile per la SD; ciò significa che qualsiasi cosa si acquisti per il telefono, è la quantità che si ha a disposizione. Non è possibile aggiornarlo in seguito.

Quando si acquista il telefono per la prima volta, lo spazio di archiviazione non è un grosso problema, ma quando si iniziano a scattare foto (che sono più grandi di quanto si pensi) e a installare applicazioni, lo spazio di archiviazione si esaurisce molto rapidamente.

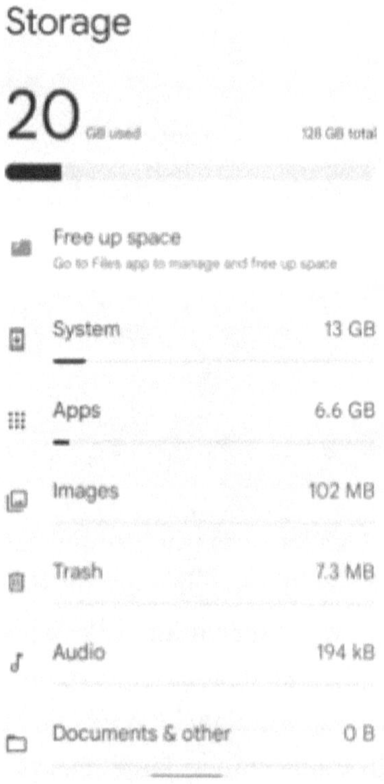

L'impostazione di archiviazione aiuta a gestire questo aspetto. Mostra cosa sta occupando spazio in memoria, in modo da poter decidere se eliminare le cose. È sufficiente toccare una delle sottosezioni e seguire le istruzioni per risparmiare spazio.

Suono e vibrazioni

Sul lato del telefono è presente un pulsante per il volume, quindi perché aprire un'impostazione per questo?! Questa impostazione consente di regolare il volume in modo più specifico.

Ad esempio, si può desiderare che la sveglia suoni a volume altissimo al mattino, ma che la musica sia molto bassa.

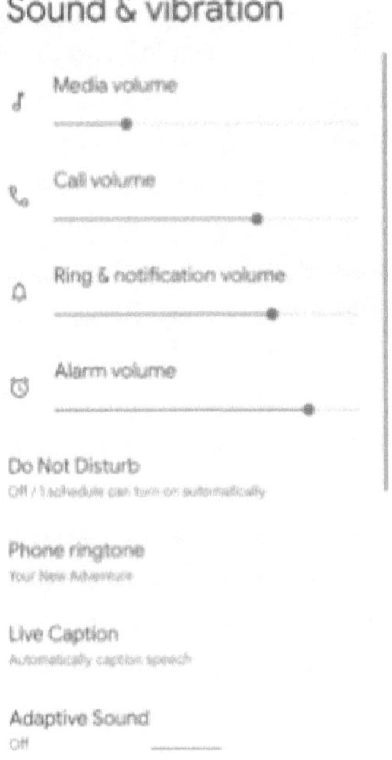

Display

Come per la maggior parte delle impostazioni, quasi tutte le caratteristiche principali dell'impostazione Display possono essere modificate al di fuori dell'app. Tuttavia, se si tocca "Avanzate", sono disponibili alcune impostazioni non presenti in altri luoghi. Queste includono la modifica dei colori e delle dimensioni dei caratteri.

Display

Brightness

Brightness level
41%

Adaptive brightness

Lock display

Lock screen
Show all notification content

Screen timeout
After 30 seconds of inactivity

Appearance

Dark theme
Will never turn on automatically

Font size
Default

Display size
Default

Carta da parati e stile

Questa impostazione non è altro che l'impostazione che si ottiene quando si accede allo sfondo dalla schermata iniziale.

Accessibilità

Odiate i telefoni perché il testo è troppo piccolo, i colori sono sbagliati, non riuscite a sentire nulla? O per qualcos'altro? È qui che l'accessibilità può aiutare. Si tratta di apportare modifiche al dispositivo per renderlo più facile per gli occhi o per le orecchie.

La privacy

Come il controllo della posizione controllo della posizione (di cui si parla più avanti), le impostazioni per la privacy ha ricevuto un grande aggiornamento in Android 12. È così grande che ora occupa un'intera sezione delle impostazioni. È così grande che ora occupa un'intera sezione delle impostazioni.

Andare su Sistema > Privacy e toccare "Avanzate" per vederle tutte.

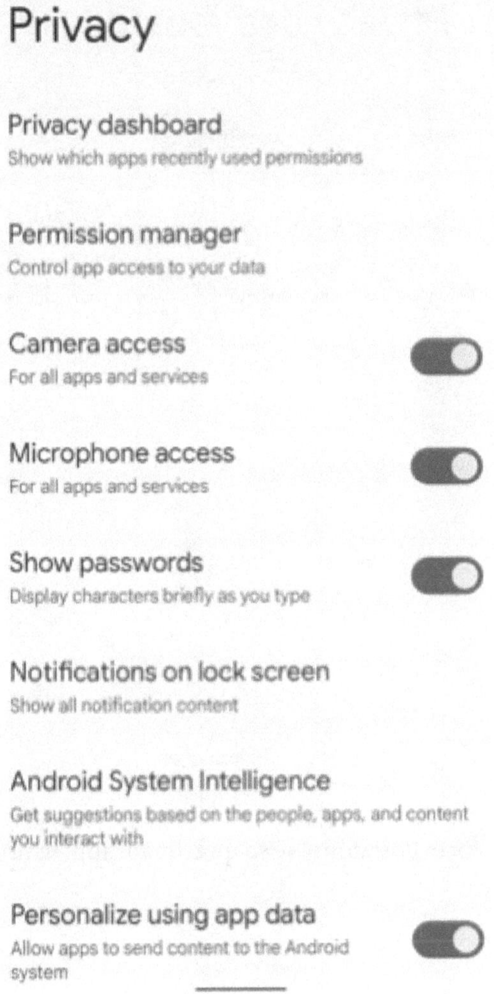

L'aggiornamento più importante è la possibilità di personalizzare le app che vedono cosa; non è più tutto o niente. È possibile definire esattamente quanto o quanto poco ogni app può vedere.

La Privacy Dashboard è uno dei modi più semplici per vedere cosa fanno le app. Nell'esempio che segue, mostra che nelle ultime 24 ore la maggior parte delle app ha utilizzato la mia posizione.

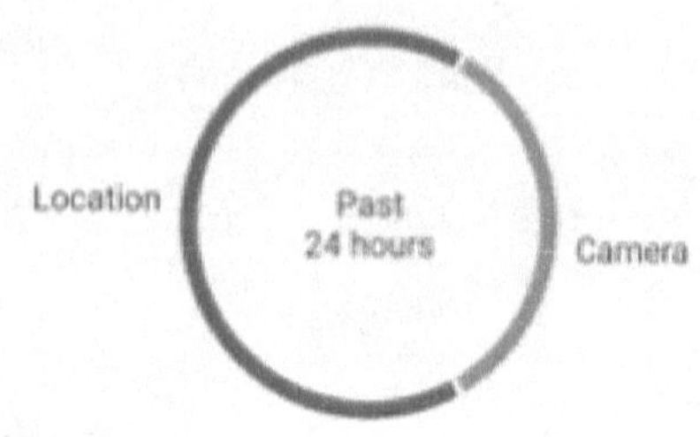

Toccando la voce Posizione si scopre quali app hanno utilizzato la posizione.

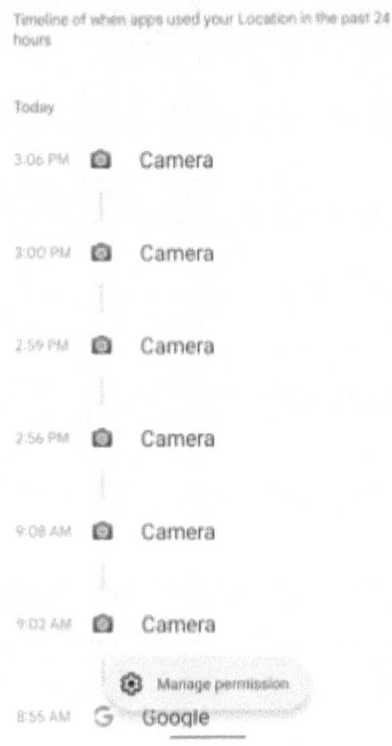

È quindi possibile toccare Gestione autorizzazioni (in questa schermata o in quella principale delle impostazioni) per disattivare la condivisione della posizione.

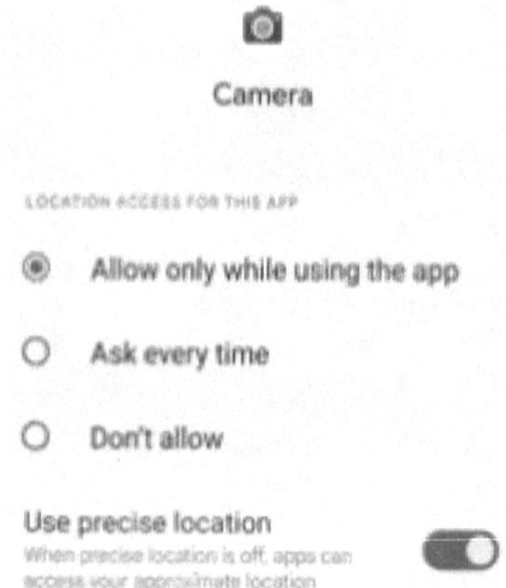

Sicurezza

Se si desidera modificare la schermata di blocco, aggiungere un'ulteriore impronta digitale o attivare/disattivare l'impostazione Trova il telefono, è possibile farlo qui.

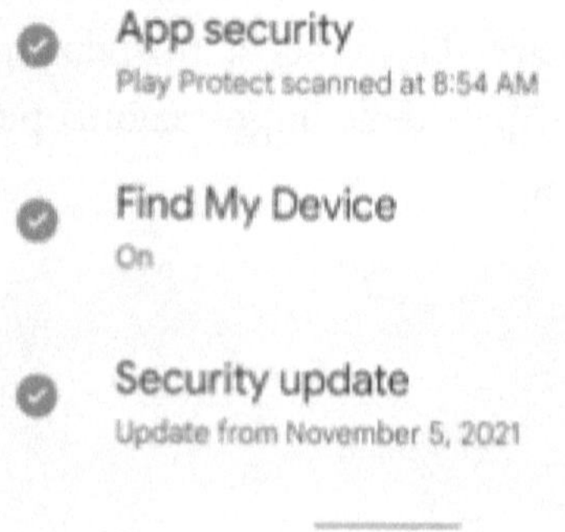

Posizione

In passato, il controllo della posizione era una funzione "tutto o niente": si decideva se un'applicazione poteva vedervi sempre o mai. È una funzione utile per la privacy, ma non per quando si ha bisogno che qualcuno conosca la propria posizione, ad esempio quando si viene prelevati da un'applicazione di trasporto come Lyft. Il nuovo sistema operativo Android aggiunge una nuova opzione per l'utilizzo dell'app. Quindi, ad esempio, un'app di trasporto può vedere la vostra posizione solo mentre state usando l'app; una volta terminata la corsa, non può più vedere cosa state facendo.

Per scegliere la posizione che un'applicazione può vedere, andare su Sistema > Posizione e selezionare l'app, quindi toccare quando possono vedere la vostra posizione.

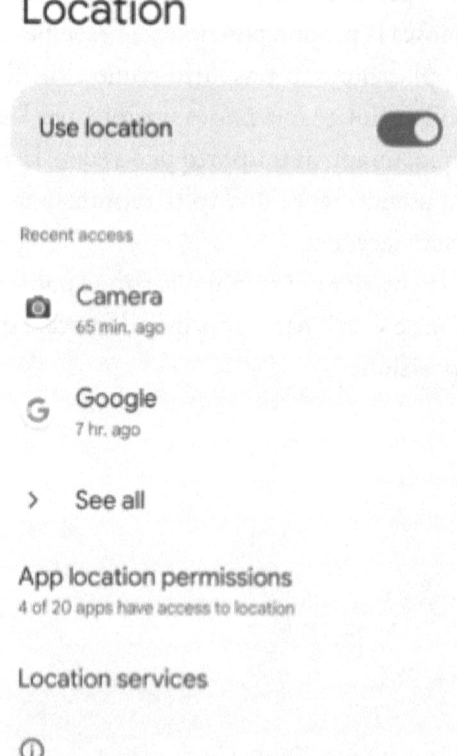

Sicurezza ed emergenza

Queste impostazioni consentono di aggiungere dettagli importanti sull'utente, come il gruppo sanguigno, e di attivare funzioni di sicurezza, come il rilevamento delle collisioni se il dispositivo mobile rileva un movimento comune agli incidenti automobilistici.

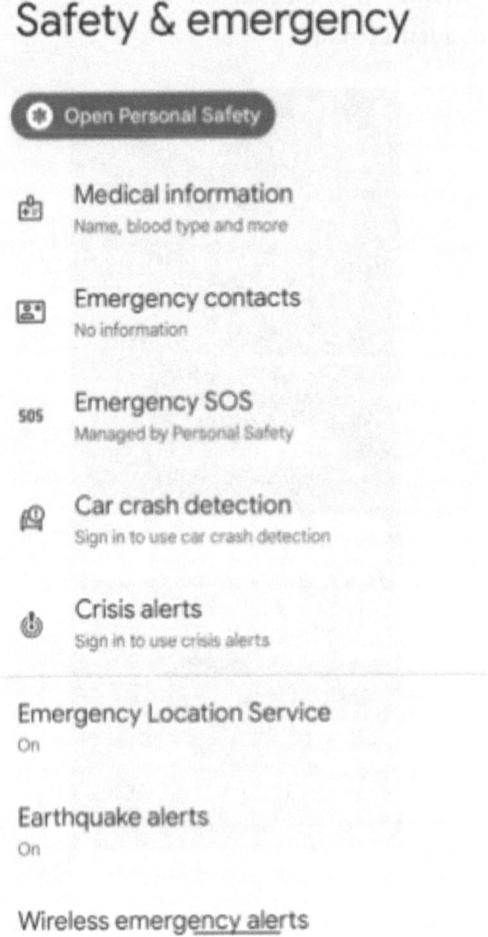

Rilevamento degli incidenti automobilistici

Nessuno spera di utilizzare questa funzione, ma ne sarete grati se dovesse accadere l'impensabile. Con il rilevamento degli incidenti attivato, il telefono avvisa i servizi di emergenza se rileva un incidente stradale. Non chiamerà immediatamente, ma vi indicherà cosa sta facendo, in modo che, se si tratta di un errore, possiate interromperlo.

Per attivarlo, andare su Impostazioni > Sicurezza ed emergenza > Rilevamento incidenti stradali.

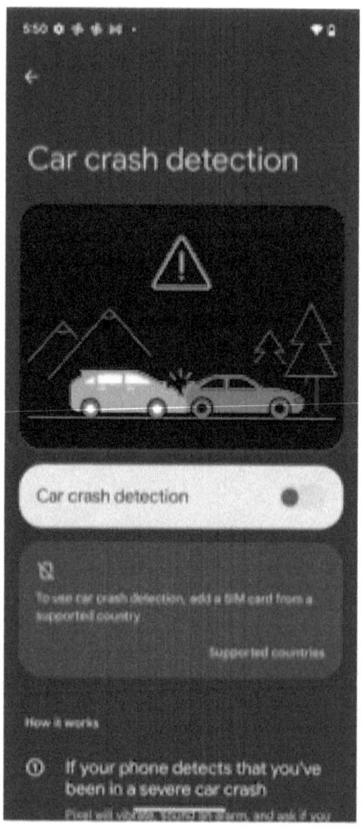

Benessere digitale

Benessere digitale è la mia funzione preferita del telefono Pixel; ora quando mia moglie mi dice: "Passi troppo tempo al telefono", può dimostrarlo!

Lo scopo dell'impostazione è quello di aiutarvi a gestire meglio il vostro tempo. Vi fa sapere che passate 12 ore al giorno ad aggiornare i vostri social media con meme di gatti e vi fa "sperare" che forse non dovreste farlo.

Google

Google è il luogo in cui è possibile gestire qualsiasi dispositivo Google collegato al telefono. Se si utilizza un orologio Google, ad esempio, o un Chromecast.

Sistema

Il sistema è importante per un motivo molto importante: gli aggiornamenti del sistema. Se non avete impostato il telefono per scaricare automaticamente gli aggiornamenti, dovrete farlo manualmente.

Toccare il pulsante "Avanzate".

In questo modo si ottiene un menu con più funzioni. Una è "Aggiornamento del sistema". Se è disponibile un aggiornamento, lo indicherà. Se lo dice, toccatelo.

Dovrete riavviare il telefono prima che venga scaricato.

In questa impostazione è possibile anche cambiare la lingua, modificare i gesti e porre dei limiti agli utenti.

Informazioni sul telefono

Qui si trovano le informazioni generali sul telefono. Ad esempio, il sistema operativo in uso, il tipo di telefono, l'indirizzo IP e così via. È più che altro un'informazione, ma ci sono alcune impostazioni che possono essere modificate.

Suggerimenti e supporto

Non si tratta di un'impostazione vera e propria. Sono solo consigli e supporto. Potete anche parlare con il supporto qui.

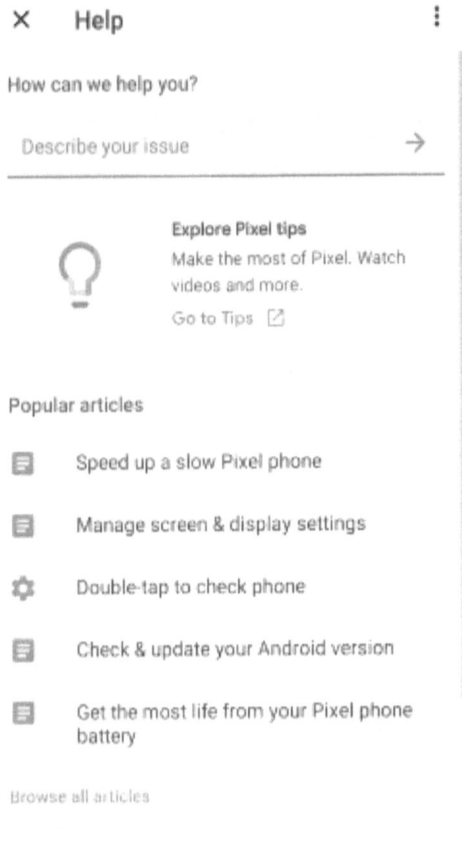

Indice

Sull'autore

Scott La Counte è bibliotecario e scrittore. Il suo primo libro, *Queit, Please: Dispatches from a Public Librarian* (Da Capo 2008) è stato scelto dall'editore del Chicago Tribune e titolo Discovery del Los Angeles Times; nel 2011 ha pubblicato il libro YA The N00b Warriors, che è diventato un bestseller Amazon numero 1; il suo libro più recente è *#OrganicJesus: Finding Your Way to an Unprocessed, GMO-Free Christianity* (Kregel 2016).

Ha scritto decine di guide best-seller sui prodotti tecnologici.

È possibile contattarlo all'indirizzo ScottDouglas.org.